Matthäus Piksa

Welt im Wandel II

Matthäus Piksa

Welt im Wandel II

Börsen-Boom, Energiemärkte im Umbruch und ihre
außen- und sicherheitspolitischen Auswirkungen

Bloggingbooks

Impressum / Imprint
Bibliografische Information der Deutschen Nationalbibliothek: Die Deutsche Nationalbibliothek verzeichnet diese Publikation in der Deutschen Nationalbibliografie; detaillierte bibliografische Daten sind im Internet über http://dnb.d-nb.de abrufbar.
Alle in diesem Buch genannten Marken und Produktnamen unterliegen warenzeichen-, marken- oder patentrechtlichem Schutz bzw. sind Warenzeichen oder eingetragene Warenzeichen der jeweiligen Inhaber. Die Wiedergabe von Marken, Produktnamen, Gebrauchsnamen, Handelsnamen, Warenbezeichnungen u.s.w. in diesem Werk berechtigt auch ohne besondere Kennzeichnung nicht zu der Annahme, dass solche Namen im Sinne der Warenzeichen- und Markenschutzgesetzgebung als frei zu betrachten wären und daher von jedermann benutzt werden dürften.

Bibliographic information published by the Deutsche Nationalbibliothek: The Deutsche Nationalbibliothek lists this publication in the Deutsche Nationalbibliografie; detailed bibliographic data are available in the Internet at http://dnb.d-nb.de.
Any brand names and product names mentioned in this book are subject to trademark, brand or patent protection and are trademarks or registered trademarks of their respective holders. The use of brand names, product names, common names, trade names, product descriptions etc. even without a particular marking in this works is in no way to be construed to mean that such names may be regarded as unrestricted in respect of trademark and brand protection legislation and could thus be used by anyone.

Coverbild / Cover image: www.ingimage.com

Verlag / Publisher:
Bloggingbooks
ist ein Imprint der / is a trademark of
OmniScriptum GmbH & Co. KG
Heinrich-Böcking-Str. 6-8, 66121 Saarbrücken, Deutschland / Germany
Email: info@bloggingbooks.de

Herstellung: siehe letzte Seite /
Printed at: see last page
ISBN: 978-3-8417-7183-4

Copyright © 2013 OmniScriptum GmbH & Co. KG
Alle Rechte vorbehalten. / All rights reserved. Saarbrücken 2013

Vorwort 5

1 Finanzmärkte in Krisenzeiten 7

1.1 Apokalypse in Japan - Energiewende 7
1.2 Wie funktionieren die Finanzmärkte? 8
1.3 Langfristige Zukunftsprognose 11
1.4 Wann kommt die historische Inflation? 14
1.5 Die Mormonen führen Gold als Zahlungsmittel ein 18
1.6 Steuerzahlerbund setzt Regierung unter Druck 19
1.7 Mit Aktieninvestments der Realwirtschaft helfen! 21
1.8 "Mr. DAX" spricht von Krise unseres Geldsystems! 22
1.9 Inside Job - Oder was die Finanzkrise mit Matt Damon zu tun hat 24
1.10 Warum eine hohe Inflationserwartung gefährlich sein kann. 25
1.11 Europas Krisenmanagement 27
1.12 Warum wird Griechenland eigentlich gerettet? 28
1.13 Chronologie der Finanzkrise 29
1.14 Nichts Neues in Europa! 30
1.15 Die Wahrheit zum Schuldendiktat Griechenlands 32
1.16 Quartalszahlen der Deutschen Bank unter der Lupe 33
1.17 Jetzt kommt die Jahresendrally! 33
1.18 Die Liste der Schande 34
1.19 Leseempfehlung: Abstruse Verschwörungstheorien 34
1.20 Alles Schall und Rauch 34
1.21 Leseempfehlung: Plötzlich kann sogar ein Pferd rechnen 35

1.22	Banken - Unterschiedliche Länder, unterschiedliche Sitten!	36
1.23	Euro-Krise - Deutschland profitiert gewaltig	37
1.24	5 Jahre Krise – Dow Jones erreicht neues Allzeithoch	38
1.25	Das „Verlorene Jahrzehnt" – Was soll das sein?	42
1.26	Bill Ackman - Financial Education	44
1.27	Dax-Buchwert-Analyse	47
1.28	Wirtschaftsnobelpreis für Robert Shiller	49

2 Gesellschaftliche und politische Phänomene   52

2.1	Waschen Sie sich mal, und rasieren Sie sich - dann bekommen Sie auch einen Job!	52
2.2	Landtagswahlen bestätigen: die Ökoindustrie ist der neue Megatrend	53
2.3	2011 - das Jahr des Protestes – Teil 1	54
2.4	Führungschaos in der FDP	55
2.5	BMI-Studie zu Muslimen	56
2.6	NSU-Untersuchungsausschuss	57
2.7	Piraten in den Parlamenten	58
2.8	Günter Grass - persona non grata	59
2.9	Was denken die Philosophen? - Was würden Sie heute sagen?	61
2.10	Muslim Demographics	62
2.11	Internetkommunikation – Frust, Zynismus, Rassismus & Herdenverhalten	64
2.12	Atlas der Vorurteile	66
2.13	Julian Assange - ein lupenreiner Antisemit?	67
2.14	1914 - Kettenreaktion mit brutalen Folgen	69
2.15	Zwei Parteienblöcke reichen aus	70

2.16	Knowledge about history can be delicate – Was JFK a Nazi?	71
2.17	Haben Sie noch das richtige Geschichtsbild?	74

3 Internationaler Wandel — 78

3.1	Krieg in Libyen - Umbrüche in der arabischen Welt	78
3.2	2011 – Das Jahr des Protestes – Teil 2	79
3.3	2011 – das Jahr des Protestes – Teil 3	80
3.4	In China essen sie Hunde!	80
3.5	Bürgerkrieg in Syrien	84
3.6	Cyber-Terrorist Assange gegen Schweden	86
3.7	Cyberkriminalität - die digitale Gewalt	87
3.9	Machtwechsel in China - Korruptions-Skandal setzt KP unter Druck	90
3.10	Das Schwarze Gold & Co.	91
3.11	Leseempfehlung: Chinas Christen	93
3.12	Presseschau: Hängt Amerika Europa ab?	93
3.13	Israel vor den Parlamentswahlen	95
3.14	Peter Scholl-Latour	96
3.15	Ahmadinejad in Ägypten - Obama kündigt Nahost-Reise an	100
3.16	Gibt es einen Trend zur Abrüstung?	101
3.17	Polen - wirtschaftlicher und politischer Status Quo	102
3.18	Was hat Volker Kauder mit dem Clash of Civilizations zu tun?	104
3.19	Putin – Scheidung	109
3.20	Syrien - Ist Assad wirklich der Bad Boy?	111
3.21	Berlin, Warschau, Jerusalem - Die Achse des Guten	113

3.22	Herkulesaufgabe Energiewende und die Frage warum nie Entschädigungsforderungen gegenüber Moskau gestellt wurden	114
3.23	Wer regiert Europa?	116
3.24	Die Zeit ist reif, um Reparationszahlungen von Russland einzufordern	117
3.25	Türkei, Russland & Co. - Wo sind die Grenzen der EU?	118
3.26	Warum ist das Nabucco-Pipeline-Projekt gescheitert?	120
3.27	Das Kino entdeckt die Geschichte	123
3.28	Die letzten Tage Europas	125
3.29	Die hohe Kunst der Diplomatie	127
3.30	Presseschau zum Rechtspopulismus in Europa	128
3.31	Greenpeace-Aktivisten im Knast	129

Vorwort

Wir schreiben das Jahr 2011. Seit nunmehr drei Jahren befinden sich die Regierungen weltweit im Kampf gegen die globale Krise. Eine Krise die alle Menschen betrifft und eine Krise die es in einem solchen Ausmaß noch nie in der Geschichte der Menschheit gegeben hat. Nein. Die Rede ist nicht von einem dritten Weltkrieg wie man jetzt vermuten könnte. Dieses Mal ist es psychologisch viel raffinierter, perfider, anonymer und unkontrollierbarer. 2008 platzte in den Vereinigten Staaten von Amerika die Immobilien- und Hypothekenblase und riss gestandene und elitäre Finanzinstitute in den Abgrund. Was folgte war ein beispielhafter Abwärtssog an den internationalen Finanzmärkten der die Nerven nicht nur der unmittelbar an dem Spiel der Märkte beteiligten Händler fast unmenschlich strapazierte.

Mit Rettungsschirmen in Billionenhöhe versuchten die Regierungen der Industriestaaten das Schlimmste, den totalen Kollaps des Geldwährungssystems zu verhindern. 2009 erreichte die bislang nur die Finanzindustrie beherrschende Krise die Realwirtschaft mit verheerenden Folgen im Zusammenhang mit der Kreditfinanzierung der Unternehmen. Die Arbeitslosigkeit erreichte bei Beiseiteschieben statistischer Tricks allen Ortes neu Rekordhöhen, die man ein für alle mal als der Vergangenheit zugehörig wähnte. Viele Unternehmen gingen pleite. Die ohnehin seit Jahrzehnten steigende Verschuldung der Staaten steigt bis heute rasant. Die Staatsverschuldung einiger Staaten nimmt immer mehr existenzbedrohende Züge an. Starke Währungen wie der US-amerikanische Dollar und die europäische Gemeinschaftswährung Euro kriseln. 2010 erweiterten die Euro-Regierungsländer inklusive der Notenbank EZB ihre geld- und fiskalpolitischen Maßnahmen auf die Stabilisierung zahlreicher faktisch insolventer Staaten der Gemeinschaftswährung.

Das einst auf ihre antiken Errungenschaften im Hinblick auf die Demokratie so stolze Griechenland geriet als erstes in eine massive Haushalts- und Staatskrise. Es folgte

Irland, dass nur durch eine Rettung in hoher zweistelliger Milliardenhöhe vor dem endgültigen Aus bewahrt werden konnte. Weitere Staaten Europas stehen am Rande ihrer Zahlungsunfähigkeit. Portugal, Spanien, Italien, Belgien.

Nicht viel besser sieht es in Amerika aus, das lediglich durch massive Staatsanleihenkäufe unter anderen seitens des chinesischen Staates finanziert werden kann. Bevölkerungsreiche Bundesstaaten wie Kalifornien arbeiten mit Haushaltsnotplänen und können sich nur mit Müh und Not über Wasser halten.

Das ferne Japan müht sich bereits seit Jahrzehnten mit niedrigen Zinsen und deflationären Zuständen. Lediglich das bevölkerungsreichste Land der Welt, die Volksrepublik China, steht wirtschaftlich glänzend da, hat aber hinsichtlich der Einkommens-unterschiede ebenfalls mit einer immer weiter auseinander-gehenden Schere zwischen arm und reich zu tun und versucht dieses Problem undemokratisch und teilweise durch Menschenrechtsverletzungen, die der westlichen Welt nicht verborgen bleiben, zu kaschieren.

Die Zukunft ist allen Ortes ungewiss. Der Goldpreis steht auf einem nie dagewesenen Allzeithoch. Wie wird es weitergehen? Diskutieren Sie mit!

Ihr Autor und Website-Betreiber: Matthäus Piksa

1 Finanzmärkte in Krisenzeiten

1.1 Apokalypse in Japan - Energiewende[1]

In Japan ereignete sich vorige Woche eine furchtbare Naturkatastrophe. Nach einem Erdbeben der Stärke 8,9 auf der Richterskala löste die Verschiebung der eurasischen und der pazifischen Erdplatten einen gewaltigen Tsunami aus, dessen Opferzahlen stündlich steigen und dessen volkswirtschaftlicher Gesamtschaden noch nicht näher zu beziffern ist. Durch das gewaltige Beben kam es zu einem nuklearen Super-GAU in dem Atomkraftwerk Fukushima. Seitdem versucht eine Einsatztruppe der Feuerwehr in einer Harakiri-Aktion verzweifelt die Lage vor Ort unter Kontrolle zu bringen. Rund um den Globus trauern die Menschen um die Opfer dieser furchtbaren Apokalypse.

An der Tokioter Börse führte die Katastrophe zu einem panikartigen Ausverkauf. Der Nikkei verlor innerhalb weniger Tage rund 20% seines Wertes. Auch wenn diese schreckliche Katastrophe das Land vor nahezu unlösbare Aufgaben stellt. Japan wird wieder auf die Beine kommen und wirtschaftlich zu den größten Volkswirtschaften der Welt gehören. Deshalb nutzen nervenstarke Anleger die Gunst der Stunde und decken sich mit qualitativ hochwertigen Aktientiteln wie Sony, Toyota und vielen anderen ein, um von einer langfristigen Erholung an der japanischen Börse zu profitieren.

Die nukleare Katastrophe entfachte auf's Neue die in Deutschland seit Jahrzehnten nicht zur Ruhe kommende Debatte um die Nutzung der Kernkraft zur Energiegewinnung. Die Bundesregierung ist arg in Bedrängnis und verhängte ein von der Opposition scharf kritisiertes dreimonatiges Moratorium, während dessen Laufzeit die Sicherheit deutscher AKWs überprüft werden soll. Wie glaubwürdig ist

---

[1] http://welt-im-wandel.net/2011/03/apokalypse-in-japan-2/

das Vorgehen der Regierung hinsichtlich der bevorstehenden Landtagswahlen in zahlreichen Bundesländern?

1.2 Wie funktionieren die Finanzmärkte?[2]

Der Finanzmarkt funktioniert grundsätzlich wie jeder andere Markt auch. Zwei Parteien, der Käufer und Verkäufer, treffen sich und machen Geschäfte. Der Verkäufer=Anbieter präsentiert seine Geschäftsidee bzw. sein Unternehmen und möchte den potentiellen Käufer von dem positiven Verlauf seiner zukünftigen Geschäftsentwicklung überzeugen. Der Käufer=Nachfrager ist auf der Suche nach einer renditeträchtigen Anlage und möchte sein Geld größtmöglich vermehren.

So weit so gut. Denn was bisher beschrieben wurde ist lediglich die Vor-IPO-Phase (IPO=Initial Public Offering=Börsengang). Der Börsengang einer Aktiengesellschaft wird immer begleitet von einer Bank, meist ist es eine Investmentbank. Im Idealfall bewerben sich mehrere Investmentbanken um die Emission der Aktien einer Aktiengesellschaft bzw. umgekehrt das Unternehmen bewirbt sich bei der Investmentbank weil es von dem Know-How des kosten- und zeitintensiven Ablaufs des jeweiligen Instituts überzeugt ist.

In einer komplizierten Analyse der Geschäftszahlen (Bilanz, GuV-Rechnung, Geschäftspläne etc.) und der Wettbewerbssituation des Unternehmens (Marktsituation in der Branche, regionaler und überregionaler Wettbewerb) wird eine bestimmter Preis, bzw. was am häufigsten geschieht eine Preisspanne, ausgerechnet, die den fairen Preis des prozentualen Anteils des an die Börse gebrachten Unternehmensteils entsprechen soll.

---

[2] http://welt-im-wandel.net/2011/03/wie-funktionieren-die-finanzmarkte/

Sodann folgt die Zeichnungsphase in der die renditesuchenden Nachfrager wie oben beschrieben Aktienpakete oder auch Tranchen dieses Unternehmens zeichnen können.

Je nach Größe des Unternehmens wird anhand der Geschäftszahlen eine zukünftige erwartete Marktkapitalisierung errechnet, die es dem Börsenbetreiber ermöglicht vorab zu bestimmen in welchem Segment das Unternehmen zukünftig gelistet wird. An der Frankfurter Wertpapierbörse gibt es den EU-regulierten Markt, der in die beiden Teilsegmente General Standard und Prime Standard unterteilt wird und den privatrechtlich geregelten Freiverkehr, der seinerseits in den Open Standard und den Entry Standard unterteilt wird. Kennzeichnend für die Unterteilung sind die unterschiedlichen Anforderungen bezüglich der Transparenz, die Rechnungslegungsstandards und die Veröffentlichung von Unternehmenskennzahlen.

Nach dem Listing werden die Aktien über das Xetra-System d.h. elektronisch gehandelt. Der Handel auf der Parkettbörse steht im Internetzeitalter lediglich für einen sehr begrenzten Anteil am Gesamthandelsvolumen und wird wohl nur noch aufrechterhalten um den Medien zu ermöglichen quasi live vom Ort des Geschehens zu berichten. Meist ist dann im Fernsehen der Chart des wichtigsten deutschen Börsenbarometers DAX im Hintergrund zu sehen, so als ob sich der gesamte Handel an Ort und Stelle abspielen würde. Das ist natürlich Quatsch. In Wahrheit betreibt die Deutsche Börse AG leistungsstarke Server über die der Handel in Sekundenschnelle abgewickelt wird. Nichtsdestotrotz dient die Live-Schalte der vom Börsenparkett berichtenden TV-Anstalten gerade in hektischen oder nervösen Marktphasen dazu dem Fernsehzuschauer das Geschehen der Börse plastisch näher zu bringen.

Ein nicht zu unterschätzendes Faktum ist, dass es, solange es Menschen gibt, die etwas unternehmen, auch immer Handelsplätze geben wird, in denen das effiziente Geschäftemachen ermöglicht wird. Die Finanzmärkte wird es entgegen mancher Bekundungen in den Medien, von Politkern oder kritischen Organisationen wie Attac also immer geben. Denn es wird immer Unternehmer geben, die für ihre weitere Geschäftsentwicklung viel Geld benötigen werden und dies nicht von Haustür zu Haustür einsammeln möchten, sondern stattdessen den Finanzmarkt nutzen.

Die drei Teilbereiche der Analyse von Aktiengesellschaften und aller anderen Asset-Klassen sind die Fundamentalanalyse, die Charttechnik und die Börsenpsychologie. Mit Abstand am Wichtigsten sind die fundamentalen Kennzahlen des Underlyings. Wenn sozusagen die nackten Zahlen stimmen, dann wird sich der zugrundegelegte Basiswert IMMER positiv entwickeln, das heißt im Preis steigen.

Da die verschiedensten Kennzahlen der unzähligen Unternehmen, Rohstoffe, Anleihen und Währungen sich ständig verändern und über das Verbreiten von wichtigen und weniger wichtigen Nachrichten zu einem oftmals nicht nachzuvollziehenden Kursverlauf führen, verhelfen sich manche Börsianer eines weiteren Hilfsmittels zu einer aussagekräftigen Prognose, nämlich der Charttechnik. An dieser Stelle seien nur die wichtigsten Darstellungsformen, der lineare Chart und die Candlestick-Formation erwähnt. Anhand des historischen Kurscharts wird anschließend versucht, Formationen, Trendverläufe, Widerstände und Unterstützungen, das Momentum, das Volumen, die BollingerBänder, Durchschnittskurse und viele weitere technische Indikatoren aus dem bisherigen Kursverlauf herauszulesen, um daraus die zukünftige Kursentwicklung bestimmen zu können.

Zu guter Letzt wird niemand ernsthaft bezweifeln können, dass psychologische Elemente die Fundamental- und Chartanalyse negativ und positiv beeinflussen. Dies zeigt sich in den beiden Phasen der Hausse und Baisse dann am deutlichsten, wenn im ersteren Fall die Kurse massiv anziehen und die Gier die Anleger regelrecht übermannt und im zweiten Fall, wenn die Kurse quasi in's Bodenlose stürzen und die Anleger panikartig das Weite suchen. Beide Phasen sind also gekennzeichnet von einer großen Angst. Im Falle steigender Kurse ist es die Hoffnung, überdurchschnittliche Gewinne zu machen und im Falle sinkender Kurse ist es die Angst, dass sich die Verluste immer weiter ausdehnen könnten.

Lediglich ein kleiner Teil aller Anleger erzielt an der Börse langfristig Gewinne. Diese Gewinne können dann aber unvorstellbare Ausmaße annehmen, so dass die Finanzmärkte auch die nicht erfolgreichen Anleger immer wieder auf's Neue magisch anziehen. Legendäre Investoren wie Warren Buffet haben an den Börsen ein Vermögen gemacht. Mich fasziniert dies deshalb so sehr, weil unabhängig von dem Reichtum, den sie erzielt haben, die Grundlage des Erfolgs auf nackten Zahlen beruht. Warren Buffet ist ein Vertreter des sogenannten Value-Investings, also der Suche nach soliden Unternehmen. Er ist aufgrund seines Erfolges ein Paradebeispiel für den Homo Oeconomicus, den rein rational handelnden Menschen.

Quellen: Deutsche Börse AG und Wikipedia

1.3 Langfristige Zukunftsprognose[3]

„Wir sind einer Meinung! Ich denke auch wie sie, dass die Indizes dieser Welt neue Allzeit-Höchststände erst noch sehen werden. Der Dow-Jones wird wie sie hier irgendwann einmal geschrieben haben bei 100.000 Punkten stehen. Das ist so sicher wie das Amen in der Kirche!

Die Weltbevölkerung wächst, immer schneller noch dazu. Wenn man sich die Umbrüche in der arabischen Welt ansieht, dann stellt man fest, dass diese von einer sehr jungen Bevölkerung ausgehen. Die Aufständischen die jetzt zu den Waffen greifen sind zwischen 15 und 40 Jahren alt. Die Bevölkerungen in diesen Ländern ist extrem jung, im Gegensatz zu unseren Ländern, Deutschland, Japan. Amerikas Bevölkerung ist glaube ich noch relativ jung und wächst im Gegensatz zu dem deutschen Volk.

---

[3] http://welt-im-wandel.net/2011/03/langfristige-zukunftsprognose/

Die wachsende Weltbevölkerung giert nach Mobilität und Essen. Das führt dazu, dass China ständig Transportaufträge vergibt. EADS und Boeing sollten trotz Wettbewerbs also langfristig profitieren. Die Automobilhersteller werden profitieren. Allen voran VW. Solange Ferdinand Piech die Zügel bei VW in den Händen hält und VW vom Kleinwagen über Nutzfahrzeuge bis hin zur Luxuskarosse für wirklich jeden etwas anzubieten hat, braucht man sich um VW keine Sorgen zu machen. Ein steigendes Transportaufkommen führt dazu, dass sämtliche Firmen, die im Zusammenhang mit dem Öl-Verbrauch Geld verdienen, ihren Aktienwert werden steigern können. Dementsprechend müssen Firmen wie Exxon Mobil steigen, auch eine BP, Shell und andere.

Von der rasant steigenden Nachfrage nach Lebensmitteln werden die Düngemittelhersteller profitieren, zum Beispiel Kali-Salz. Deren Kurs ist schon kräftig gestiegen in den vergangenen Jahren, und zwar zu Recht! Die Böden auf denen die Nahrungsmittel wie Reis, Getreide, Weizen, Mais etc. angebaut werden, müssen zur Ertragssteigerung gedüngt werden. (Der Weizenpreis steht aktuell sehr hoch und wird wie viele andere Rohstoffe an der weltgrößten Rohstoff-Börse, der Chicago Mercantile Exchange gehandelt.) Und genau hier setzt Kali-Salz an. BASF wird profitieren. JohnDeere ist sensationell gestiegen.

Die Medizin- und Arzneimittelhersteller werden profitieren, weil wir alle immer länger und gesünder leben und leben wollen, Pfizer, GlaxoSmithKline, Bayer etc. Allerdings sind das langfristige Trends die, ich weiß nicht ob es Fantasten sind, gerne auch als Megatrends bezeichnet werden.

Und weil die New York Stock Exchange das effizienteste Finanzhandelssystem der Welt ist und auf eine über 100 Jahre währende Erfahrung zurückblickt werden letzten Endes auch die Banken profitieren, wobei ich denke, dass die Risiken noch einige Zeit auf den Kursen lasten werden. Trotzdem: Warren Buffett hält Goldman Sachs-Aktien und verdient sich eine goldene Nase damit.

Ich persönlich beobachte das Geschehen an den Finanzmärkten seit meinem 15. Lebensjahr, 1999. Derzeit halte ich keine Aktien, da ich noch studiere. Sobald ich aber in Lohn und Brot stehen werde, werde ich wieder auf die Aktienanlage setzen! Von den Telekommunikationsunternehmen würde ich die Finger lassen. Kein Mensch will in Zeiten von Facebook&Co., skype etc. Geld für die Kommunikation ausgeben. Anders sieht es wiederum mit Lifestyle-Produkten wie Apple's iphone aus.

Meine 15 (zugegeben etwas viel) Lieblings-Aktien, die ich aus meinen obigen Überlegen für empfehlenswert halte, sind:

Transport-Sektor:
EADS
Boeing
VW

Öl-Sektor:
Exxon Mobil
BP
Shell

„Nahrungssektor":
BASF
John Deere
Kali+Salz

Medizin+Arzneimittel:
Bayer
Pfizer
GlaxoSmithKline

Banken:
Goldman Sachs
Mastercard

Technologie:
Apple

Ich denke, im Hinblick auf die Diversifikation und aus Value-Ansätzen heraus kann man mit diesen Aktien langfristig kaum was falsch machen, oder? Die Streuung erfolgt querbeet über die Branchen und auch international. US-Aktien sind dabei, deutsche, britische und mit Shell auch eine holländische. Weil ich den japanischen und den chinesischen Aktienmarkt nicht kenne, lasse ich auch den Finger davon. Ab 50.000 oder besser 100.000 € oder $ könnte man sich ein ganz interessantes Portfolio zusammenbauen...

Viele Grüße"

Quelle: mein Kommentar zum Blogartikel „Die Schuldenberaterin der Nation" vom 25.02.2011 auf www.timschaefermedia.com

1.4 Wann kommt die historische Inflation?[4]

Rettungspakete, Rettungsschirme, Konjunkturhilfen, Anleihekäufe durch Notenbanken soweit das Auge reicht. In den USA waren und sind es TARP, Quantitative Easing 1+2, in Deutschland der Bankenrettungsschirm Soffin sowie zwei Konjunkturpakete. Auf europäischer Ebene wird dem nicht nachgestanden. Die Europäische Finanzstabilisierungsfazilität (EFSF) wurde im Zuge der Griechenland-Rettung erfunden, nun soll, was in der EU von den gerade verhandelnden EU-Finanzministern beschlossen wurde, im Jahre 2013 die EFSF durch den dauerhaften

---
[4] http://welt-im-wandel.net/2011/03/wann-kommt-die-historische-inflation/

europäischen Stabilisierungsmechanismus kurz ESM abgelöst werden. 700 Mrd. € werden hierzu insgesamt bereitgestellt für den Fall, dass die seit Sommer 2007 oder spätestens Anfang 2008 grassierende internationale Spekulantenwut nicht aufhört und die Schere zwischen den Niedrigzinsen der bonitätsstarken Länder wie Deutschland und den bonitätsschwachen Ländern wie Griechenland, Portugal, Irland, Spanien, Italien, Belgien… auch in Zukunft nicht wieder zugeht sondern weit gespreizt bleibt. Deutschland steuert von dem derzeit ausgehandelten Kapitalbedarf mit 20 Mrd. € in etwa ein Viertel der Kapitaleinlage in Höhe von 80 Mrd. €. Hinzu kommt ein entsprechender Anteil an der 620 Mrd. € betragenden Garantiesumme.

Das ist viel Geld und kommt schon jetzt zu dem ohnehin aufgrund der Bankenrettung stark gestiegenem Schuldenberg in Höhe von ca. 2 Billionen € des Gesamtstaatshaushalts (Bund, Länder und Gemeinden) hinzu. Ob die im Grundgesetz verankerte Schuldenbremse, die ab 2015 eine Neuverschuldung pro Jahr in Höhe von max. 0,15% des BIPs vorschreibt, ausreicht, scheint schon heute mehr als fraglich. Sollten die Risiken in den Bankenbüchern nicht abgebaut werden können und der Handel mit den Kreditausfallversicherungen (CDS) auf Staatsanleihen weiter rege betrieben werden, dann könnte es eng werden.

Die Akzeptanz in der Bevölkerung ist ohnehin nicht groß. Angesichts klammer Gemeindekassen spüren die Bürger vielerorts, dass dem Staat das Geld fehlt und wundern sich, dass das seit Jahren betriebene Spiel Angela Merkels auch jeden noch so hohen Geldbetrag zur Verfügung zu stellen um nur endlich die Finanzmärkte zu besänftigen, immer weiter geht. Das Motiv ist also klar, stellt sich nur die Frage, wie lange der Bürger dieses Spielchen noch mitspielen wird. Das Superwahljahr 2011 und der Ausgang der Wahlen wird auch hierüber Aufschluss geben.

Angesichts einer hohen Staatsverschuldung stellt sich aber eine weitere Frage, nämlich die der Entschuldung. Eine für den Staat komfortable Lösung wäre, die Schulden wegzuinflationieren. Erfahrungen mit einer hohen Inflation hat in

Deutschland niemand. Nur noch wenige Zeitzeugen gibt es, die die Hyperinflation Ende der 10er und Anfang der 20er Jahre des vorherigen Jahrhunderts miterlebt haben und diese waren damals auch noch extrem jung. Somit bleibt allein der Blick in die Geschichtsbücher. Zur Erinnerung: Nach dem Ende des 1. Weltkriegs, der bekanntlich von Deutschland verloren wurde, stiegen die Schulden ebenfalls parallel zu heute rasant an. Schon der Krieg wurde über Staatsanleihen finanziert, nun kamen auch noch hohe Reparationszahlungen an die Siegermächte hinzu. Der Staat nahm dies zum Anlass um den Nominalwert des Geldes ständig zu verändern und so wurde das Geld mit der Zeit wertloser und wertloser. Das Endergebnis war, dass der Staat gegen Ende der Inflationswelle zwar faktisch endschuldet war, die Unzufriedenheit in der Bevölkerung aber enorm angestiegen ist. Eine Bürde, die die gerade neu gegründete Weimarer Republik nie verkraftet hat. Wir alle wissen, wie die Geschichte endete.

Diesen Verlauf kennt auch ein Ben Bernanke und natürlich alle bundesrepublikanischen Spitzenpolitiker. Bernanke hat sich, wie ich mal irgendwo gelesen habe, während seines Studiums und danach intensiv mit der Großen Depression der USA aus den 30er-Jahren beschäftigt. Das ist der historische Hintergrund, den jeder zumindest überblickshaft wie ich ihn gerade geschildert habe, im Hinterkopf haben sollte. Dann behält man vielleicht auch einen kühlen Kopf, wenn die Regierung in der Zukunft weiter mit großen Beträgen hantieren wird, um die Finanzmärkte zu besänftigen und die Wirtschaft zu stabilisieren.

Entscheidend ist meines Erachtens nach also wirklich die Frage, ob es zu einer inflationsbedingten Entschuldung kommen wird. Die fiskalpolitischen Folgen sind klar. Die Folgen für alle Sparer und Gläubiger ebenfalls. Die mühsame und beinharte (Lebens-) Arbeit war vergebens. Sollte es also tatsächlich zu einer steigenden und lang anhaltenden Inflation kommen wäre eine weiter steigende Unzufriedenheit die noch mildeste Konsequenz hiervon. Daher sollten auch Alternativszenarios durchdacht werden. Eine Alternative wäre zum Beispiel der Ausstieg Deutschlands aus der €-Währungszone. Die Rettung der €-Peripherie-Länder verstößt ohnehin gegen die No-Bail-Out-Klausel der EU. Ein Ausstieg Deutschlands aus dem € würde dazu führen, dass diese No-Bail-Out-Klausel wieder greifen würde. Ob die anderen €-Länder den € dann weiterführen würden, bliebe deren Problem. Deutschland würde wieder die DM einführen und könnte sich der Lösung innenpolitischer Probleme widmen, allen voran der Bekämpfung der Staatsverschuldung, und sich darüber hinaus auf den Export konzentrieren.

So weit so gut. Meines Erachtens ist ein Ausstieg aus dem € jedoch unrealistisch. Ich denke dabei gar nicht, dass es zu einer Implosion der Europäischen Union kommen würde, sondern vielmehr ist die internationale Verflechtung der Bankindustrie und die Frage, wer denn eigentlich Gläubiger der hoch verschuldeten €-Peripherie-Länder ist, von zentraler Bedeutung. Deutsche Banken darunter auch Landesbanken sind kräftig involviert.

Wo Amerika seine Immobilienkrise hat und diese versucht weiterhin zu bekämpfen, da haben wir Europäer unsere €-Krise und müssen mit dieser fertig werden. Daher ist ein Ausstieg aus dem € politisch nicht gewollt und wird es unabhängig ob SPD oder CDU den Kanzler stellen auch nicht geben. Die Deutschen sind auf Gedeih und Verderb mit dem € und der EU verwoben, genauso wie alle anderen € und EU-Mitgliedsstaaten auch. Dieser Überzeugung bin ich. Den Grund sehe ich historisch weit hergeholt in den grausamen Erfahrungen des 2. Weltkriegs und der Gemeinschaftspolitik der vergangene 60 Jahre.

Damit ist das Problem der Staatsverschuldung und eine drohende Inflation aber immer noch nicht vom Tisch und wird uns die nächsten Jahre weiterhin beschäftigen. Es bleibt die Herkulesaufgabe der verantwortlichen Regierungs- und Notenbankpolitiker schlechthin. Bleiben wir also gespannt.

1.5 Die Mormonen führen Gold als Zahlungsmittel ein[5]

Ich nehme die Mormonen ernst. Nicht als Religionsersatz, sondern als konservative und besonnene Menschen. Daher beobachte ich mit Interesse, dass sie in ihrem US-Bundesstaat Utah neuerdings Gold als Zahlungsmittel[6] eingeführt haben. Inwiefern sich dieses Vorhaben als intelligent erweist, wird sich zeigen. Ich bezweifle dies jedoch. Gold ist nur in begrenzten Mengen vorhanden. Sicherlich lagern viele Zentralbanken teilweise enorme Goldvorräte. Aber ist Gold als Zahlungsmittel wirklich eine Alternative zu einer Papierwährung? Gold ist ein Metall, genau wie Eisen, Zink oder Quecksilber auch. Man könnte theoretisch also auch mit Eisen bezahlen...

Wenn ich mir vorstelle, wie das Bezahlen mit Gold in der Praxis aussieht, dann ist es vielleicht noch denkbar seine täglichen Alltagsgeschäfte mit entsprechend kleinen Goldnuggets zu bezahlen. Aber wie sieht es aus, wenn man sich ein Auto kaufen möchte? Oder wie sieht es aus, wenn man sich ein Haus kaufen will? Muss man dann mit einer LKW-Ladung voller Gold zum Verkäufer kommen? Noch absurder wird es, wenn man sich vorstellt, wie ein Reicher sich einen Privatjet oder eine Luxusvilla oder auch Luxusyachter kauft. Muss dieser dann gleich einen Containerschiff mit Gold beladen um seinen Erwerb zu finanzieren? Das ist alles Quatsch!

Gold kann eine Papierwährung niemals als Zahlungsmittel ablösen, jedenfalls nicht als Metall. Denkbar wäre folglich die eigene Währung an die Entwicklung des Goldpreises zu koppeln. Auch diesen Versuch hat es schon mal gegeben, der sog. Goldstandard. Laut dem Wikipedia-Artikel zum Thema Goldstandard[7] war dieses Währungssystem von Ende des 19. Jahrhunderts bis zum ersten Weltkrieg vorherrschend. Die Geldmenge der an das Gold gekoppelten Währung entsprach

---

[5] http://welt-im-wandel.net/2011/03/die-mormonen-fuhren-gold-als-zahlungsmittel-ein/
[6] http://www.ftd.de/finanzen/maerkte/:sorge-um-den-dollar-utah-macht-gold-zum-offiziellen-zahlungsmittel/60030278.html
[7] http://de.wikipedia.org/wiki/Goldstandard

exakt dem Goldbesitz des entsprechenden Staates. Die negativen Erfahrungen der ersten Hälfte des 20. Jahrhunderts führten dazu, dass das Bretton-Woods-System fester Währungskurse eingeführt wurde. Allerdings zeichnete sich Ende der 60er und Anfang der 70er-Jahre ab, dass feste Währungskurse den unterschiedlichen Entwicklungen der Volkswirtschaften nicht Genüge getan haben. So entwickelte sich beispielsweise die Volkswirtschaft der BRD viel besser als die Großbritanniens. Die Folge war, dass im Jahre 1973 das Bretton-Woods-System endgültig aufgegeben wurde und die Wechselkurse freigegeben wurde. Seit der Einführung des € in zahlreichen Mitgliedsstaaten der EU herrscht ein Mischsystem aus freien (US-$, Yen, UK-Pfund) und festen Währungen vor. Die €-Mitgliedsstaaten schlossen sich dem Europäischen Währungssystem an und beschlossen damit eine Aufgabe ihrer nationalen Währungen zu bestimmten Fixkursen.

Mit den stark gestiegenen Staatsschulden in allen westlichen Staaten einschließlich Japans scheint eine Diskussion über den weiteren Systemverlauf nicht abwegig. Inwiefern eine von unzähligen Experten erwartete Inflation die Aktualität dieser Diskussion befeuern werden wird, muss abgewartet werden.

1.6 Steuerzahlerbund setzt Regierung unter Druck[8]

Portugal will seine Goldreserven nicht verkaufen. Portugal hortet Gold im Wert von fast 15 Mrd. $[9] - im Gegenzug beantragten sie EU-Hilfen im Wert von 78 Mrd. €. Und diesen Deal verkaufte der Ministerpräsident Sokrates als große Errungenschaft, weil die Zinsen viel niedriger sind als diejenigen, die Portugal bezahlen müsste, wenn sie den Betrag zu dem aktuell an den Finanzmärkten gehandelten Zinssatz aufgenommen hätten. Das ist ein klarer Sieg. Wieso aber von Merkel&Co. nicht ausreichend Druck gemacht wurde, dass die Portugiesen gefälligst ihr Gold verkaufen mögen, das verstehe wer will. Der Zeitpunkt wäre doch ideal, der Goldpreis notiert

---

[8] http://welt-im-wandel.net/2011/05/steuerzahlerbund-setzt-regierung-unter-druck/
[9] http://www.cash.ch/news/topnews/portugal_hat_den_groessten_goldschatz_der_eurozone-932182-771

nahe seinem Allzeithoch. Stattdessen begnügt sich unsere Kanzlerin damit, die Urlaubsfreude und die Arbeitsscheu[10] anzuprangern. Ein populistischer Vorwurf für den sie von der Opposition sofort kritisiert wurde.

Das erkannte auch der Bund der Steuerzahler[11] und verschärfte den Ton gegenüber der Bundesregierung[12]. Damit nehmen die Beamten genau die Rolle ein, die die Bürger von ihnen erwarten, nämlich nicht nur Steuerverschwendungs-Fälle anzuprangern, sondern sich aktiv einzumischen, wenn neues Unheil droht, also bevor die Scherben aufgekehrt werden müssen. Der Kampf um's Steuergeld wird also weitergehen und es wird spannend zu beobachten sein, wie die Sorgenkinder Griechenland, Irland, Portugal und Co. sich weiterentwickeln werden. Die Kanzlerin steht unter Druck. Sicherlich dürfen die angeschlagenen €-Sorgenkinder nicht fallengelassen werden. Inwieweit die bereits eingeleiteten Sparmaßnahmen die entsprechende staatshaushälterisch positive Wirkung entfalten dürften, kann angezweifelt werden. Sicherlich ist das Vertrauen der Bevölkerungen der angeschlagenen Staaten in ihre eigenen Regierungen stark strapaziert, immer wieder wird in den einschlägigen Fernsehberichten von Demonstrationen berichtet. Ein Ausstieg der betroffenen Staaten aus dem € würde zwar die Wirtschaft, allen voran den Tourismus und den Export ankurbeln, hätte aber auch zur Folge, dass die in € fälligen Schulden noch weiter steigen würden. Bleibt also eine Umschuldung oder ein heiß diskutierter Schuldenschnitt. Dies würde jedoch die Bereitschaft der Gläubiger erfordern, allen voran der Banken. Dies ist der kurz umschriebene Problemkomplex, der den aktuellen Status quo der europäischen Finanzpolitik darstellt.

---

[10] http://www.spiegel.de/politik/deutschland/euro-krise-merkel-attackiert-urlaubsfreudige-suedeuropaeer-a-763247.html
[11] http://www.steuerzahler.de/Home/1692b637/index.html
[12] http://www.handelsblatt.com/politik/deutschland/steuerzahlerbund-merkel-soll-mehr-haerte-gegen-euro-schuldensuender-zeigen/4192302.html

1.7 Mit Aktieninvestments der Realwirtschaft helfen![13]

Aktionäre pumpen Geld in Aktiengesellschaften und erhoffen sich dadurch mitunter eine Traumrendite, womöglich noch in Rekordzeit. Aber die Gier war noch nie ein guter Ratgeber. Vielmehr macht es mehr Sinn, Aktieninvestments als Unterstützung der Realwirtschaft zu begreifen. Man gibt das Geld einem Unternehmen, das damit wirtschaften kann. Dadurch werden Arbeitsplätze gesichert und Familien unterstützt. Gerät ein Aktienunternehmen mal in die Bredouille, dann muss dies schlichtweg hingenommen werden. Das ist bitter. Aber noch bitterer ist eine Unternehmensinsolvenz für die direkten Leidtragenden, die Unternehmer, die Angestellten und Arbeitnehmer samt Familien. Auch Politiker haben dann eine Sorge mehr, zumindest die verantwortungsvollen unter ihnen. Nicht zuletzt muss der Steuerzahler für die Folgekosten aufkommen, auch die Sozialversicherungsträger bekommen Kosten aufgebürdet, weil ja etliche Beitragszahler wegfallen.

Um diesem Teufelskreis entgegenzuwirken hilft nur ein Direktinvestment in ein börsennotiertes Aktienunternehmen. Denn wenn das Geld zu meist mickrigen Zinsen auf dem Sparbuch, dem Bausparbuch oder in der Lebensversicherung herumliegt, dann wird es eben von den Bank- und Versicherungsinstituten investiert. Viele Bankkredite an Mittelstandsunternehmen sind nur möglich, weil unzählige Sparer ihr Geld auf dem Sparbuch liegen lassen. Die Bank wiederum investiert es in Form einer Kreditvergabe an ein Unternehmen, entweder direkt oder durch Aktieninvestments. Dadurch trägt man auch als Sparer das Risiko einer möglichen Unternehmensinsolvenz. Dies geschieht vielleicht nicht bei einer einzelnen Insolvenz. Wenn aber wie nach dem Platzen des Immobilienbooms im Jahre 2008 plötzlich die Kreditvergabe erlahmt, dann kann das zu einer verheerenden Kettenwirkung in der Realwirtschaft führen, mit vielen Arbeitsplatzverlusten und im Extremfall der Pleite von Kreditinstituten. Dann ist auch das Geld des emsigen Sparers plötzlich weg!

---

[13] http://welt-im-wandel.net/2011/06/mit-aktieninvestments-der-realwirtschaft-helfen/

Das Fazit muss also lauten, dass es für jeden engagierten Bürger erste Bürgerpflicht werden müsste, etwaig vorhandenes Geld auf der hohen Kante in Aktien zu investieren und somit von einem prosperierenden Unternehmensgeschäft zu profitieren oder im Falle eines Verlustgeschäftes wenigstens die Gewissheit zu haben, aktiv an der Unterstützung der Realwirtschaft partizipiert zu haben.

1.8 "Mr. DAX" spricht von Krise unseres Geldsystems![14]

Dirk Müller alias Mr. Dax ist das Gesicht der Frankfurter Wertpapierbörse schlechthin. Berühmtheit erlangt hat Dirk Müller durch seine Vorhersage des Immobiliencrashs in Amerika im Jahre 2007. Ich habe nunmehr einige Interviews gefunden, in denen er von den Herausforderungen unserer Zeit spricht. Seit nunmehr drei Jahren und dem Zusammenbruch einiger einst namhafter Investmentbanken wie Bear Sterns und Lehman Brothers besteht aus Sicht des Mr. Dax eine grundsätzliche Krise unseres Geldsystems. Erstaunlich ist allemal, dass sich immer noch alle und so auch "Mr. Dax" freuen, wenn sie mehr $ und € im Portemonnaie haben: Politiker, Banker, Kabarettisten vor allen aber die Weltuntergangspropheten wie sie ständig auf der Mattscheibe (Dirk Müller: hier[15], hier[16] und hier[17]) erscheinen. Ist es also wirklich so schlimm?

Die Medien, allen voran die Fernsehanstalten und die Presse haben sich mittlerweile seit über einem Jahr auf einen Sündenbock geeinigt und berichten gefühlt am meisten über ihn, einige Leser ahnen es, Andere wissen es, es handelt sich natürlich um Griechenland. Griechenland, das sich für seine antike Historie und die Erfindung der Demokratie nichts kaufen kann, hat durch verbrecherische Bilanztricksereien seinen Staatshaushalt geschönt. Mitgeholfen und mitverdient hat dabei vor allem Goldman Sachs, die Investmentbank, welche die Finanzkrise überstanden hat und gestärkt aus

---

[14] http://welt-im-wandel.net/2011/06/mr-dax-spricht-von-krise-unseres-geldsystems/
[15] http://www.youtube.com/watch?v=UGW2r7ABvro
[16] http://www.youtube.com/watch?v=i0o3vFx5DKE&feature=related
[17] http://www.youtube.com/watch?v=lN4HL9xvoaA&NR=1&feature=fvwp

ihr hervorgegangen ist. Auch die Investmentlegende Warren Buffett kaufte sich ein, was in Finanzkreisen als großer Vertrauensbeweis gilt.

Im Schatten von Griechenland wurden inzwischen auch Irland und Portugal gerettet, mit dem Unterschied das Letztere aus dem Rettungsfonds EFSF gerettet wurden, Griechenland jedoch nicht, was einen Automatismus bezüglich der Nachschusspflicht ausschließen soll.

Ob es letzten Endes zu einer Umschuldung, einem Schuldenschnitt, einem Austritt Griechenlands oder einem Aufbrechen der Währungsunion kommen wird, kann man derzeit nicht eindeutig beantworten. Sicher ist nur, dass die Banken, die in all diesen Ländern kräftig investiert sind, mitentscheiden werden.

Mein Fazit an dieser Stelle ist also, dass wir es auch drei Jahre nach dem Platzen des amerikanischen Immobilienbooms wegen den milliardenschweren Investments immer noch mit einer Bankenkrise zu tun haben. Die Banken, als größte Gläubigergruppe, haben die €-Peripherie-Länder kräftig unterstützt und die riesigen Staatsschulden erst ermöglicht. Nun erkennen wir alle, dass die Forderungen lediglich auf dem Papier stehen, eingetrieben werden können diese nicht. (Im Übrigen ist es um Amerika und Deutschland nicht besser bestellt. In beiden Ländern mussten enorme Rettungspakete für Banken und die Realwirtschaft geschnürt werden und schraubten die Verschuldung gehörig nach oben.)

Faktisch sind alle westlichen Länder inklusive Japan pleite. Nur sagt dies so kaum jemand. Im Falle Amerikas führte die eigene geplatzte Immobilienblase in's Verderben, riss deutsche Banken und letzten Endes die Bundesrepublik ebenfalls mit und kotzt sich an den €-Peripherie-Ländern bis heute aus. Der Unterschied zu Griechenland ist jedoch, dass man den Schuldigen eindeutig bei den Banken lokalisieren kann, während Griechenland selbst erst durch eine korrupte Staatsobrigkeit an viele EU-Gelder kam.

Da ich mich nicht zu den raffgierigen Scharlatanen und Weltuntergangspropheten zähle kann ich nur hoffen, dass die Staaten und Banken eines Tages ihre Probleme in den Griff bekommen. In dem Video, das ich unten eingebettet habe geht es thematisch nicht um die Staatsschuldenproblematik, der Dreiteiler zeigt aber eine rege Diskussion um die sicherste und rentabelste Kapitalanlage in wirtschaftlich herausfordernden Zeiten.

1.9   Inside Job - Oder was die Finanzkrise mit Matt Damon zu tun hat[18]

Ich habe mir neulich den Dokumentarfilm Inside Job[19] angesehen. Der Film handelt von der jüngsten Finanzkrise und beleuchtet den gesamten Ablauf, also von der Entstehung durch falsche deregulatorisch-gesetzgeberische Maßnahmen bis hin zu dem Zusammenbruch namhafter Finanzinstitute und den verheerenden Folgen nicht nur in Amerika sondern rund um den Globus. Dabei wird auch gezeigt, dass selbst führende Professoren und Dekane international hochgepriesener Elite-Universitäten wie Harvard in Verlegenheit geraten wenn sie nach ihrer Rolle in dieser betrügerischen Episode der jüngeren Zeitgeschichte befragt werden. Es stellt sich die Frage, inwiefern die verantwortlichen Akademiker aus den Fehlern der Vergangenheit lernen und durch das universitäre Ausbildungssystem der Gesellschaft dienen, in dem sie junge Menschen verantwortungsvoll auf Führungsaufgaben in der Wirtschaft vorbereiten, damit diese ethisch handeln. Mich würde es nicht wundern, wenn der ein oder andere Zweifel[20] daran hat. Diese haben auch die Macher dieses Films, die zum Schluss zum Kampf aufrufen... erzählt von Matt Damon, der auch den gesamten Film über die Rolle des Erzählers übernommen hat. - Anders die

---

[18] http://welt-im-wandel.net/2011/06/inside-job-oder-was-die-finanzkrise-mit-matt-damon-zu-tun-hat/
[19] http://www.amazon.de/Inside-Job-Matt-Damon/dp/B004NNUE06/ref=sr_1_1?ie=UTF8&qid=1308169726&sr=8-1
[20] http://www.spiegel.de/wirtschaft/unternehmen/finanzkrise-amerikas-kurzes-gedaechtnis-a-722279.html

großen Denker der amerikanischen think-tanks: Sie blicken bereits nach vorne und setzen sich intellektuell für den Erhalt des amerikanischen Traumes[21] ein.

1.10 Warum eine hohe Inflationserwartung gefährlich sein kann.[22]

Ökonomen und Finanzexperten in Europa und in den USA erwarten seit Längerem eine steigende Inflation. Diese Vorhersagen haben viele Kettenreaktionen zur Folge. So ist ein beträchtlicher Teil des stark gestiegen Goldpreises auf diese Vorhersagen zurückzuführen. Die Anleger sind verunsichert und kaufen in Scharen Gold beim nächsten Goldschmied und Goldjuwelier um die Ecke. Aktien von Goldexplorern werden gekauft, des Weiteren viele bislang aufgelegte Bank- und Fondsprodukte. Dabei hat sich bislang kaum etwas getan bei der Inflation. Einige Lebensmittel wurden teurer und auch Öl und somit Benzin und Diesel. Die Inflation beträgt in Deutschland etwas mehr als 2 %, in England ist sie bei 4%, in den USA auch irgendwo dazwischen. Von einer hohen Inflation, gar einer Hyperinflation kann bislang keine Rede sein.[23]

Die Erklärung für die Prognose scheint auf den ersten Blick einleuchtend. Eine steigende Staatsverschuldung [24] in Verbindung mit einer extrem expansiven Geldpolitik in Verbindung mit stark steigenden Aktienkursen müsste lehrbuchmäßig zu einer höheren Inflation führen. So lautet der derzeitige Mainstream und er scheint Konsens zu sein. Dies kann jedoch gefährlich sein wie auch in dem folgenden Handelsblatt-Artikel ausführlich und plausibel erläutert wird.

Dort[25] heißt es nämlich zu Recht, dass das Gelddrucken noch lange nicht dazu führt, dass ebenjenes ausgegeben wird. Genau das ist aber der Fall. In den kriselnden €-Peripherie-Ländern geben die Menschen kein Geld aus, weil sie entweder arbeitslos

---

[21] http://www.scribd.com/fullscreen/56027440
[22] http://welt-im-wandel.net/2011/06/warum-eine-hohe-inflationserwartung-gefahrlich-sein-kann/
[23] http://www.finanzen.net/inflation/
[24] http://www.economics.harvard.edu/faculty/mankiw/files/Its%202026.pdf
[25] http://www.handelsblatt.com/finanzen/boerse-maerkte/anlagestrategie/angst-vor-inflation-zu-viel-vorsicht-schadet-auch/4309220.html

sind oder von Sparmaßnahmen betroffen sind. In Deutschland sparen die Menschen traditionell viel Geld und, oh Wunder, auch die Amerikaner sparen immer fleißiger, die Sparquote steigt stetig, weil die Arbeitslosenquote in den USA bei für die Amerikaner ungewohnt hohen 9 Prozent verharrt. Deshalb verzichten viele Amerikaner auf Urlaub, ziehen wieder zu den Eltern und betätigen sich zunehmend als Gutschein- und Schnäppchenjäger, nachdem bekannten deutschen Motto "Geiz ist geil".

Eine hohe Inflationserwartung ist darüber hinaus aber auch deshalb gefährlich, weil in Erwartung einer solchen, die Gewerkschaftsverbände für ihre Arbeitnehmer eine besonders saftige Lohnerhöhung[26] heraushandeln wollen. Das dürfte einleuchtend sein. Wenn alle Welt eine hohe Geldentwertung erwartet, dann müssen die Löhne zwangsläufig steigen, erst Recht wenn wie in Deutschland der Export boomt.

Das jedoch kann sich mittelfristig als Nachteil erweisen und das zarte Pflänzchen Konjunkturerholung wieder jäh zerstören. Denn die Unternehmen stellen weniger neue Beschäftigte ein oder überlegen sich dies lieber zwei Mal, die Zahl der Erwerbslosen nimmt nicht ab und die Kosten für die getane Arbeit steigen auch noch. Das mag in Deutschland, wo in einzelnen Branchen ein Fachkräftemangel herrscht, vergleichsweise vernachlässigbar sein. In strauchelnden Ländern ist dies jedoch ein enormer Unsicherheitsfaktor für die Unternehmer. Daher sollte auch in Zukunft Lohnzurückhaltung die Devise sein.

Es ist also keinesfalls sicher, dass die Inflation steigen wird, sicher ist nur, dass die Angst vor der Inflation für die Volkswirtschaft viel gefährlicher sein kann. Darüber hinaus kann es auch beim Gold zu einer schnellen und steilen Abwärtsbewegung ähnlich zum Silberpreis kommen. Die Anleger sollten mithin gewarnt sein.

---

[26] http://www.economics.harvard.edu/faculty/mankiw/files/If%20You%20Have%20the%20Answers.pdf

1.11 Europas Krisenmanagement[27]

Heute berichtet der Spiegel über die geglückte Rettung Griechenlands[28]. Die Börsen in New York, Frankfurt und andernorts feiern diesen Schritt als Verhinderung eines weiteren Finanzdesasters mit kräftigen Kursaufschlägen insbesondere bei den Banken-Titeln. Ein Lehman II wird es somit definitiv nicht geben.

Mit 3,2 Mrd. € beteiligen sich deutsche Geschäftsbanken an dieser Rettung[29]. Diese Summe wird in bis 2014 laufende Anleihen investiert, zu einem Mindestzinssatz in Höhe von 5,5%, der auf 8% steigt, wenn sich die griechische Wirtschaft in den kommenden Jahren erholt. 3,2 Mrd. € mit 5,5% verzinst ergeben nette Zinseinkünfte von 616 Mio. €, die auf 896 Mio.€ steigen können. Damit ist der erste "freiwillige" Schritt getan, um die Nervosität und den Vertrauensverlust an den Anleihemärkten zu stoppen, jetzt kann wieder Normalität einkehren. Meldungen aus der Presse, wonach nun auch begonnen wird, den Finanzplan der EU für die Jahre 2014-2020[30] zu verhandeln, bestärken die grundsätzliche Annahme, dass es schon irgendwie weitergehen wird. Europa wird nicht scheitern, auch wenn eine Vielzahl der in den Medien publizierten Nachrichten Gegenteiliges verheißen mag. Wie der weitere Weg aussehen wird kann allerdings niemand genau sagen. Griechenland wird mit Sicherheit auch in 10 Jahren kein Hightech-Land sein oder als Musterländle gelten. Zynismus und Sarkasmus, wie in unzähligen Foren und den Kommentaren zu den entsprechenden Artikeln herausgelesen werden kann, helfen trotzdem bestimmt nicht. Vielmehr muss jeder Europäer für sich ein Europa bilden, in dem es Spaß macht zu leben[31]. Positive Beispiele für eine prosperierende Entwicklung gibt es selbst in

---

[27] http://welt-im-wandel.net/2011/07/europas-krisenmanagement/
[28] http://www.spiegel.de/wirtschaft/soziales/bankenbeteiligung-wen-die-griechen-rettung-reich-macht-a-771742.html
[29] http://www.handelsblatt.com/politik/deutschland/3-2-milliarden-fuer-athen-koalition-feiert-die-deutschen-banken/4343160.html
[30] http://www.handelsblatt.com/politik/international/neuer-finanzrahmen-eine-billion-euro-fuer-die-eu/4339992.html
[31] http://www.faz.net/aktuell/feuilleton/eu-ratspraesidentschaft-ihr-deutschen-redet-europa-nicht-schlecht-16196.html

unseren heutigen Krisenzeiten. Wer vor 20 Jahren gesagt hätte, dass neben dem wiedererstarkten Deutschland ausgerechnet ein Land wie Polen dazugehört, den hätte wohl jeder ausgelacht. Aber gerade Polen und die immer weiter ausgebaute Partnerschaft zu den westlichen Nachbarn zeigt möglicherweise auch, wie die kriselnden Staaten wieder auf einen grünen Zweig kommen können. Mit einem verachtenden Fingerzeig geht dies nicht.

1.12 Warum wird Griechenland eigentlich gerettet?[32]

Diese Frage stellen sich derzeit berechtigterweise viele Menschen. Nachdem Griechenland bereits vor einem Jahr mit Milliardenbeträgen unterstützt wurde, fließen jetzt schon wieder weitere Milliarden und im Herbst kommt, so wird es in der Presse verlautet, die nächste, dritte Tranche, 120 Milliarden €, so wird gemunkelt. Eine Summe bei der einem zweifelos schwindelig werden kann und die Zahl derjenigen die frustriert nach dem Sinn all der Maßnahmen fragen wächst täglich.

Im Grunde weiß ich es auch nicht, vielleicht ist es auch falsch eine Milliarde nach der nächsten in marode Staaten zu "investieren", wer kann das schon mit Gewissheit sagen?

Mein Erklärungsversuch für all die zahlreichen Rettungsmaßnahmen setzt bei der untergegangenen Lehman Brothers-Bank an. Diese ist, das ist Allgemeinbildung, im September 2008 Pleite gegangen und hat in der Folgezeit zahlreiche andere, meist kleinere Banken mit in den Abgrund gerissen. Die Scherbenhaufen, die diese Megapleite hinterlassen hat, werden bis heute rund um den Globus aufgekehrt. Und das wird trauriger weise auch noch eine Zeitlang so weiter gehen, weil die Rettungsmaßnahmen für extrem angeschlagene systemrelevante Institute wie die amerikanische AIG, die deutsche Hypo Real Estate und andere Kredit- und Finanzinstitute unzählige Milliarden verschlungen haben und es der die Krise nicht

---

[32] http://welt-im-wandel.net/2011/07/warum-wird-griechenland-eigentlich-gerettet/

verursachende Steuerzahler ist, der die Schäden entweder in Form höherer Steuern und Abgaben oder aber in Form einer sinkenden Daseinsfürsorge (Rentenkürzungen, Kürzungen bei den Sozialversicherungsleistungen, Schließung von Krankenhäusern, Kindergärten, Schulen, Universitäten oder zumindest deren schlechtere Instandhaltung) tragen muss.

Das ist definitiv ein Skandal sondergleichen mit unzähligen Einzelschicksalen. Wir leben in einer Zeit der großen Krise deren Folgen so erschreckend und weitreichend sind, wie sonst nur die Folgen die durch gewaltige Naturkatastrophen oder menschlich verursachte Tragödien, zu denen Kriege als ultima ratio menschlichen Versagens zu zählen sind, ausgelöst werden. Der Währungskommissar Olli Rehn spricht im Zusammenhang mit unserer heutigen Krise von der schwersten seit dem 2. Weltkrieg.[33]

Ich glaube niemand wird ihm ernsthaft widersprechen. Jedoch sind es all diese Milliarden die in guter alter Keynesianischer Manier weitere Wohlstandserosionen verhindern sollen. Hoffen wir also das Beste!

1.13 Chronologie der Finanzkrise[34]

Gerade eben habe ich eine tolle Meldung der facebook-tagesschau-News erhascht. Die Redaktion der facebook-Tagesschau hat sich die Mühe gemacht den gesamten bisherigen Ablauf der Krise chronologisch[35] zu gliedern, angefangen im Sommer 2007 als sich die ersten dunklen Wolken am amerikanischen Immobilien-Himmel zusammenbrauten bis zur heutigen Diskussion um €-Rettung und den unzähligen Nebenkriegsschauplätzen. Die Meldungen sind kurz gefasst und beinhalten jede für

---

[33] http://www.faz.net/aktuell/wirtschaft/europas-schuldenkrise/schuldenkrise-griechenland-kann-auf-abwendung-des-staatsbankrotts-hoffen-1657497.html
[34] http://welt-im-wandel.net/2011/07/chronologie-der-finanzkrise/
[35] http://www.tagesschau.de/wirtschaft/chronologiefinanzmarktkrise100.html

sich noch einmal weitere Verlinkungen für all diejenigen, die sich detaillierter informieren möchten.

Außerdem las ich neulich in der FAZ ein interessantes Interview mit dem Ökonomen Volker Wieland[36], der davor warnt, pauschal von einer €-Krise zu sprechen. Seiner Aussage zufolge gäbe es erst dann eine Währungskrise, wenn der Währungskurs im Vergleich zu ausländischen Währungen sinken würde und darüberhinaus eine hohe Inflation attestiert werden könnte. Beides trifft derzeit aber (noch) nicht zu. Stattdessen erleben wir derzeit eine existenzielle Staatsschuldenkrise in einigen Ländern, die auf mangelhafter Fiskalpolitik beruht, nämlich der Finanzpolitik auf Pump.

Im Grunde bin ich seiner Meinung. Da aber unzählige Experten mit einer hohen Inflation in den kommenden Jahren rechnen, wird es spätestens dann auch zu einer €-Krise kommen.

Aus folgendem Grund ist es dennoch wichtig, terminologisch von einer peripheren Staatsschuldenkrise statt einer €-Krise zu sprechen und zwar nicht nur für den informierten Leser, der die Tagespresse und die Entwicklungen in der Krise regelmäßig verfolgt: Eine Krise gäbe es auch mit der DM als Währung. Oder glaubt irgendjemand, dass die Investment-Banken ihr Casino-Treiben von der Währung abhängig machen?

1.14 Nichts Neues in Europa![37]

Es ist erstaunlich wie leicht man die Situation der europäischen Volkswirtschaft und ihrer Sorgenkinder mit der Situation der USA von vor drei bzw. 2 Jahren vergleichen kann. In den USA wurden Hypothekenkredite zunächst an finanzschwache Schuldner

---

[36] http://www.faz.net/aktuell/wirtschaft/europas-schuldenkrise/oekonom-volker-wieland-der-euro-befindet-sich-nicht-in-einer-krise-13264.html
[37] http://welt-im-wandel.net/2011/10/nichts-neues-in-europa/

vergeben. Oftmals verschuldeten sich die Kreditnehmer über den Wert ihres neuen Eigenheimes hinaus. Die Bank wusste, dass sie das Risiko notfalls an die halbstaatlichen Hypotheken-Finanzierer FannieMae und FreddieMac abladen kann, wenn der Kreditnehmer seinen Tilgungsverpflichtungen nicht nachkommen wird. Darüberhinaus bündelten die Bankstrategen die Kreditverträge zu Wertpapieren und emittierten diese an den Börsen wo sie von renditehungrigen Anlegern aufgekauft wurden. Das Risiko (der Großbanken) an dieser Stelle wurde durch mittlerweile berühmt gewordene Versicherungsinstrumente, die CDS, abgefedert. Wie wir alle wissen, funktionierte diese Risikoverteilungskette nicht, sondern platze vor drei Jahren in der Lehman Brothers Pleite wie eine Bombe und führte zu lawinenartigen Verwerfungen an den weltweiten Aktienbörsen, die nur äußerst mühsam und mit viel Steuerzahlergeld aufgefangen werden konnten.

Auch wenn man aufgrund mentalitätsbedingter und kultureller Unterschiede, insb. der sprachlichen Vielfalt, vermuten könnte, dass ein ähnliches System in Europa nicht aufgebaut werden kann, so geschah dank der Währungsunion und der ihr zugrundegelegten vereinheitlichten Geldpolitik genau dasselbe. In Europa wurde das Rad nicht neu erfunden.

Ersetzt man beispielshaft den amerikanischen Hypothekenschuldner durch einen griechischen Weinbergbesitzer, der in der Hoffnung einer produktiveren Bewirtschaftung seines Besitzes einen Kredit aufnimmt, um sich einen neuen Traktor, sagen wir der Firma Siemens, zu kaufen, dann macht er nichts Anderes als der amerikanische Subprime-Schuldner. Er spekuliert auf Pump darauf, dass er wirtschaftlich prosperieren wird. Nun haben sich viele Länder der €-Peripherie-Zone steigende Löhne gegönnt und so musste auch der exemplarisch erwähnte griechische Bauer seinen Angestellten höhere Löhne zahlen bis ihn dies in den Ruin trieb. Die Bank, die ihm diesen Kredit gab, musste ihn nun abschreiben. In der Folge hatte plötzlich auch die griechische Zentralbank ein Problem und mithin auch die EZB und wegen der Verflechtungen im Zentralbanksystem auch die Deutsche Bundesbank und die anderen Zentralbanken, aber auch die anderen Großbanken, die Kredite an griechische Schuldner oder deren Banken vergaben. Auch hier schließt sich der Kreis, wenn man sich vergegenwärtigt, dass die CDS-Instrumente erstens dazu dienten und dienen, das Kreditrisiko abzufedern und zweitens ein reger Handel mit ihnen betrieben wird.

Letzten Endes führt die Verschuldung also sowohl im Kleinen als auch im Großen zu großen systemischen Problemen, die die Welt noch einige Zeit in Atem halten wird. Befeuert wird die ganze Geschichte nämlich noch von den Ratingagenturen, die sämtliche Rettungspakete sofort auf ihre Standfestigkeit hin überprüfen, in dem sie strauchelnde Staaten und Banken abwerten. Diese Vorgehensweise wird gemeinhin als Wirtschaftskrieg zwischen den USA und Europa bezeichnet, weil die führenden Ratingagenturen alle samt aus den USA kommen, was aber zu kurz gesprungen ist, wenn man sich vergegenwärtigt, dass (1) die Ratingagentur S&P auch die USA selbst von dem Triple-AAA herunterstufte und sie (2) das in der Hypothekenkrise verloren gegangene Vertrauen durch die damals lasche Vergabe der Bestbewertung wieder zurückgewinnen möchten. Nichts Anderes ist derzeit der Stand der finanzvolkswirtschaftlichen Zusammenhänge.

1.15 Die Wahrheit zum Schuldendiktat Griechenlands[38]

In den Medien kursieren viele unterschiedliche Informationen zum heute Nacht zu Ende gegangenen EU-Gipfel. Der FDP-Bundestagsabgeordnete Frank Schäffler hat in seinem Blog mal die harten Zahlen vorgestellt und kommt leider Gottes zu einem nüchternen Ergebnis.[39]

---

[38] http://welt-im-wandel.net/2011/10/die-wahrheit-zum-schuldendiktat-griechenlands/
[39] http://www.frank-schaeffler.de/weblog/1771

1.16 Quartalszahlen der Deutschen Bank unter der Lupe[40]

Wie riskant das Geschäftsgebaren der Deutschen Bank (schon seit Jahren) ist, sieht man auf der folgenden Internet-Seite wo nach dem jüngsten Quartalsbericht die Bilanz des deutschen Branchenprimus[41] erklärt wird. Fazit: Die Deutsche Bank spielt ein gefährliches Spiel und kümmert sich bislang nicht die Bohne darum ihre Eigenkapitalquote zu erhöhen.

1.17 Jetzt kommt die Jahresendrally![42]

Nach der Einigung der Staats- und Regierungschefs auf dem EU-Gipfel in dieser Woche wird es jetzt zu einer Jahresendrally[43] kommen, da die Staatenlenker substanzielle Eckpunkte für die Lösung der Schuldenkrise beschlossen haben und das Damoklesschwert, das über den Finanzmärkten mit den vielen unterbewerteten Aktienunternehmen schwebte nunmehr erst einmal verschwinden wird.

Selbstverständlich kann es anders kommen, jedoch denke ich, dass der Schuldenschnitt Griechenlands in Verbindung mit einer Erhöhung der Kernkapitalquote europäischer Banken auf 9% als Teildurchbruch in dieser komplexen Materie zu werten sind, mit dem auch viele institutionelle Anleger nicht gerechnet haben. Hinzu kommt auch, dass die Hedge-Fonds im Gipfel-Vorfeld auf fallende Kurse setzten und somit nun ihre short-Positionierungen schließen müssen. Viele Unternehmen liefern außerdem ein Rekordergebnis nach dem anderen ab, Beispiele: BASF, SAP[44], VW.[45]

---

[40] http://welt-im-wandel.net/2011/10/quartalszahlen-der-deutschen-bank-unter-der-lupe/
[41] http://www.querschuesse.de/leistung-aus-leidenschaft/
[42] http://welt-im-wandel.net/2011/10/jetzt-kommt-die-jahresendrally/
[43] http://www.ftd.de/finanzen/maerkte/:erholungsrally-dow-und-dax-vor-staerkstem-oktober-aller-zeiten/60122383.html
[44] http://www.computerwoche.de/knowledge-center/2498726/
[45] http://mobil.capital.de/unternehmen/:Wolfsburger-Wunder--VW-verzueckt-Anleger-mit-Rekordergebnis/100042634.html?nv=rss

1.18 Die Liste der Schande[46]

Die griechische Regierung hat eine Liste der größten griechischen Steuersünder herausgebracht, die sog. "Liste der Schande".[47] - Mithilfe von google-translate verstehen auch alle die des Griechischen leider nicht mächtig sind etwas.

1.19 Leseempfehlung: Abstruse Verschwörungstheorien[48]

Stefan Riße[49], der ehemalige Chefstratege des in London ansässigen CFD-Brokers CMC Markets[50] hat in seinem Blog[51] zu der Ankündigung der SPD, den Wahlkampf zur Bundestagswahl 2013 auf einer Kampagne gegen Banken aufzubauen, Stellung bezogen.[52] Lesenswert!

SPD-Chef Gabriel dementierte derartige Pläne mittlerweile jedoch.[53]
Unterdessen hielt Altkanzler Gerhard Schröder eine Rede vor Vertretern der Londoner City, die ihm, wegen der seinerzeit gegen den parteiinternen Widerstand durchgeboxten Agenda 2010, huldigte.

1.20 Alles Schall und Rauch[54]

Zahlen sagen mehr als tausend Worte. Das Gejammere ist oftmals riesengroß bei uns. Aber meistens entbehrt es jeglicher Grundlage. Denn das Geld- und Immobilien-Vermögen der Deutschen summiert sich auf ziemlich genau 10 Billionen € und nimmt auch noch mit schöner Regelmäßigkeit und konstant zu. Zieht man die

---

[46] http://welt-im-wandel.net/2012/02/die-liste-der-schande/
[47] http://www.gsis.gr/debtors/fp.html
[48] http://welt-im-wandel.net/2012/02/leseempfehlung-abstruse-verschworungstheorien/
[49] http://www.rissesblog.de/ueber-mich/ausfuhrlich/
[50] http://www.cmcmarkets.de/?gclid=CIDRx7PfoLECFUrP3wod2yl7WQ
[51] http://www.rissesblog.de/
[52] http://www.rissesblog.de/2012/02/abstruse-verschworungstheorien/
[53] http://www.handelsblatt.com/politik/deutschland/spd-chef-sigmar-gabriel-kein-wahlkampf-gegen-die-finanzindustrie/6187218.html
[54] http://welt-im-wandel.net/2012/02/alles-schall-und-rauch/

Verbindlichkeiten ab, bleibt immer noch ein Betrag von gigantischen 8,5 Billionen € übrig. - Konstant niedrig ist wie schon seit Jahren die Aktienquote.

Die Deutschen investieren also sehr risikoavers, was wohl auch daran liegt, dass es in der Regel die Älteren sind, die das Vermögen in den Händen halten.

SPON-Artikel[55]
Handelsblatt-Artikel[56]

1.21 Leseempfehlung: Plötzlich kann sogar ein Pferd rechnen[57]

Kennt nicht jeder irgendeinen Verschwörungstheoretiker oder hat zumindest schon mal von einem gehört? In der Frankfurter Allgemeinen Zeitung erschien nun ein interessanter Artikel aus der Reihe "Denkfehler, die uns Geld kosten - Teil 41".[58]

Im Kern geht es in diesem Artikel um den Bestätigungsirrtum, also dem Phänomen, dass der Mensch als Gewohnheitstier gerne Informationen sammelt und aufnimmt, die dem bisherigen Meinungs- und Weltbild entsprechen. Ein typisches Verhalten, welches auch bei Verschwörungstheoretikern zu beobachten ist. Ich selbst hatte mal einen Freund, der genau in diese Richtung abdriftete. Ich habe mittlerweile keinen Kontakt mehr zu ihm, allerdings war er bei der letzten Begegnung, die schon etliche Jahre zurückliegt, ebenfalls sehr überzeugt von seiner Meinung und neuen Argumenten und Sichtweisen gegenüber sehr abgeneigt und verschlossen. Beratungsresistenz nennt dies der Autor des Artikels.

---

[55] http://www.spiegel.de/wirtschaft/soziales/8-5-billionen-euro-besitz-deutsche-koennten-schulden-der-euro-zone-tilgen-a-815556.html
[56] http://www.handelsblatt.com/finanzen/boerse-maerkte/anlagestrategie/10-billionen-euro-deutsche-sind-so-reich-wie-nie/6213596.html
[57] http://welt-im-wandel.net/2012/11/leseempfehlung-plotzlich-kann-sogar-ein-pferd-rechnen/
[58] http://www.faz.net/aktuell/finanzen/meine-finanzen/denkfehler-die-uns-geld-kosten/denkfehler-die-uns-geld-kosten-41-ploetzlich-kann-sogar-ein-pferd-rechnen-11970974.html

1.22 Banken - Unterschiedliche Länder, unterschiedliche Sitten![59]

Neue sehr positive Nachrichten aus dem US-amerikanischen Bankensektor:[60]Immer mehr Institute machen mittlerweile wieder immer mehr Umsatz und Gewinn, die Kreditvergabe steigt, die faulen Kredite können zurückgefahren werden etc. Bemerkenswert: Dieses Jahr gab es ca. 50 Bankenpleiten in den Staaten. Da sich das Jahr dem Ende zuneigt, dürften es auch nicht mehr viel mehr werden. Jedoch ist auch dies positiv zu werten, da der Wert der Vorjahre deutlich unterschritten wird - in den Jahren 2007-2011 gingen wohl regelmäßig mehrere Hundert oder weit über Hundert Institute im Jahr pleite. Wegen dem Einlagensicherungsfonds sind die Kundengelder bei Bankpleiten nicht tangiert.

Das Tal der Tränen jedenfalls hat der US-Bankensektor wieder hinter sich gelassen.

Ich frage mich: Wie sieht es zum Vergleich in Europa aus? - Ich habe hier noch nie von einer Bankenpleite gelesen, vielleicht vereinzelt. Eher ist es so, dass auch kleinere nicht systemrelevante Institute gerettet werden. So geschehen in Spanien, wie ich vor ein paar Monaten mal las.

Fazit aus dem Vergleich USA-Europa: Wie ein "Stresstest" richtig aussieht verstehen nur die Amerikaner!

Randnotiz: Island, von der Finanzkrise 2008 am heftigsten erwischt, räumt(e) in seiner Bankenvergangenheit ordentlich auf, schmeißt auch mal ein paar Ex-Banker ins Gefängnis.[61] Mit einem Sonderermittler-Team bis hin zu Kopfgeldjägern wollen die Isländer den ehemaligen Schergen auf die Schliche kommen.

---

[59] http://welt-im-wandel.net/2012/12/banken-unterschiedliche-lander-unterschiedliche-sitten/
[60] http://www.handelsblatt.com/unternehmen/banken/bericht-des-einlagenfonds-us-banken-machen-krise-vergessen/7478360.html
[61] https://www.google.de/search?q=island+ermittlungen+banken&ie=UTF-8&oe=UTF-8&hl=de&client=safari

Unterschiedliche Länder, unterschiedliche Sitten. Es zeigt sich, dass im Grunde jedes Land anders mit seiner Bankenvergangenheit und Landschaft umgeht. Es gibt kein international einheitliches und abgestimmtes Vorgehen.

1.23 Euro-Krise - Deutschland profitiert gewaltig[62]

Wir gehen durch eine Phase der Währungsabwertungen. Die Amerikaner woll(t)en ihren Dollar schon immer abwerten, weil dadurch ihre Auslandsschulden weniger wert sind. Das ärgert vor allem die Chinesen, die ihre gigantischen Handelsüberschüsse ja irgendwo anlegen müssen.

Auf der Suche nach Alternativen bleibt nur der Euro. Doch auch hier sind die Probleme so groß, dass es einen permanenten Abwertungsdruck gibt. Mit dem ESM wurde daher jetzt ein Instrumentarium geschaffen, das nicht nur Kredite vergeben darf, sondern auch eigene Anleihen emittieren darf. Das Besondere an diesen Anleihen ist, dass sie von der EZB auch als Sicherheit akzeptiert werden – wenn eine französische oder deutsche Bank früher Staatsanleihen von Griechenland oder Portugal gekauft hätte und dies heute wegen dem gestiegenen Risiko nicht mehr macht, dann kauft sie nun die ESM-Anleihen, wohlwissend dass sie bei Refinanzierungsgeschäften die ESM-Anleihen bei der EZB als Sicherheit hinterlegen darf.

Der ESM und seine Anleihen sind aber auch auf der Suche nach Investoren aus dem fernen Ausland hilfreich bei der Bewältigung der Euro-Krise: Sie werden von den Chinesen nachgefragt, da die ja eine Alternative zum Dollar-Investment suchen, aber nicht direkt in Griechenland etc. investieren möchten. Der ESM gibt dann im Bedarfsfall Kredite an die angeschlagenen Länder. Für die Krisenmanager hat das außerdem den Vorteil, dass sie die Kontrolle über das Krisenmanagement in der eigenen Hand haben. Denn nicht Griechenland selbst bekommt das Geld aus dem Staatsanleihenverkauf, sondern zunächst der ESM. Die ESM-Verantwortlichen

---

[62] http://welt-im-wandel.net/2013/03/euro-krise-deutschland-profitiert-gewaltig/

können dann den Reformdruck aufrechterhalten. Es kommt ergo nicht zu dem befürchteten Moral Hazard, also einer Situation, in der die Regierungsverantwortlichen wissen, dass sie keine Reformen durchführen müssen, weil die EZB ihre Staatsanleihen aufkauft.

Für die Chinesen sind die Alternativen bei der Anlage ihres Kapitals ohnehin rar. Japan selbst ist verhasst. Und England und die Schweiz emittieren wohl kaum Anleihen im entsprechenden Volumen. Also bleibt den Chinesen nichts anderes übrig als in den sauren Apfel zu beißen und weiterhin amerikanische und €-europäische Anleihen zu kaufen.

Aber auch Japan selbst wollte bei der ersten ESM-Anleihen-Auktion aggressiv einsteigen. Der Grund: Je stabiler der Euro, desto schwächer der Yen, desto weniger leidet deren Export.

Wie man sieht, profitiert Deutschland von der Euro-Krise, denn zum einen sind die Zinsen so niedrig, dass wir unsere höherverzinsten Altschulden mit jedem Monat, den die Euro-Krise schwelt, in niedrigverzinste Neuschulden rollen. Und zum anderen können die exportorientierten Unternehmen sich auf einen schwachen Euro verlassen.

So absurd es klingen mag: Für die deutsche Exportwirtschaft ist es doch ein Segen, dass wir so viele Krisenländer im Euro-Raum haben. So gibt es nämlich keinen Aufwertungsdruck.

1.24 5 Jahre Krise – Dow Jones erreicht neues Allzeithoch[63]

Vor ziemlich genau 5 Jahren begann das Schlamassel! Mit Bear Stearns musste eine der damals führenden Investmentbanken vor der Pleite gerettet werden, weil sie sich mit verbrieften Hypotheken-Papieren übernommen hatte[64].Letztlich wurde sie von JP

---

[63] http://welt-im-wandel.net/2013/03/5-jahre-krise-dow-jones-erreicht-neues-allzeithoch/
[64] http://money.cnn.com/2008/03/28/magazines/fortune/boyd_bear.fortune/

Morgan Chase & Co., einer US-amerikanischen Großbank mit ca. 250.000 Beschäftigten, übernommen.

Spätestens da war aber klar, dass irgendwas faul war im Bankensektor. Jahrelang war es in Amerika gängige Praxis, dass nahezu jeder Amerikaner sich ein Haus kaufen konnte. Selbst wenn nicht klar war, ob er die Schulden jemals zurückzahlen würde, gewährten amerikanische Banken, meist eine der unzähligen Regionalbanken, den Häuslebauern einen Kredit. Es kam sogar vor, dass nicht nur eine komplette Fremdfinanzierung ermöglicht wurde, sondern darüber hinaus, eine zusätzliche Summe ausbezahlt wurde, weil alle Marktteilnehmer von weiter steigenden Häuserpreisen in den USA ausgingen. Zudem standen hinter den Regionalbanken zwei mächtige halbstaatliche Immobilien-Finanzierer, Freddie Mac und Fannie Mae, die die Hypotheken-Papiere den Regionalbanken abkauften, um sie letztlich an finanzstarke Wall-Street-Banken weiterzuverkaufen. Dies alles war möglich, weil der damalige US-Notenbank-Chef Alan Greenspan die Leitzinsen massiv auf 1 Prozentpunkt absenkte[65].

Im Sommer 2008 mussten dann auch Fannie Mae und Freddie Mac mit einer staatlichen Kapitalspritze gerettet werden[66].Mittlerweile haben sich die beiden Immobilien-Finanzierer aus dem Gröbsten herausgekämpft. Erwogen wird nun sie endgültig abzuwickeln oder zu verschmelzen[67].

Ende 2008 platzte die Immobilienblase am amerikanischen Häusermarkt dann endgültig. Lehman Brothers, eine der Top-Investmentbanken Amerikas, ging Pleite. In der Folge brachen die Kurse an der Wall Street dramatisch ein. Es kam zu einer Kernschmelze der Weltfinanzarchitektur mit Auswirkungen, die auch in Europa zu spüren waren.

---

[65] http://www.tradingeconomics.com/united-states/interest-rate
[66] http://useconomy.about.com/od/criticalissues/a/Fannie-Bailout.htm
[67] http://www.handelsblatt.com/unternehmen/banken/fannie-mae-und-freddie-mac-usa-erwaegen-ausstieg-aus-hypothekenhaeusern/7880508.html

Denn die amerikanischen Großbanken kauften die Subprime-Kredite nicht einfach nur auf, um sie zu verwalten. Sie entwickelten neue innovative Investmentprodukte um sie an renditehungrige Investoren zu verhökern. So kam es, dass auch deutsche Landesbanken die Kredite amerikanischer Häuslebauer plötzlich aufkauften. Niemand wurde misstrauisch, denn zum einen war der Respekt vor den Investmenthäusern groß und zum anderen bewerteten die bis dato vertrauenserweckenden Rating-Agenturen diese Finanzprodukte mit der Bestnote „AAA".

So kam es wie es kommen musste und auch in Europa musste der Steuerzahler für den Kauf der faulen Kredite einspringen. Banken mussten gerettet werden. Die HRE, die stark im Immobiliensektor engagiert war, musste vom deutschen Staat mit einem Milliardenkredit in dreistelliger Höhe vor der Insolvenz gerettet werden[68]. Die Commerzbank musste teilverstaatlicht werden. Landesbanken gerieten ins Wanken.

Das Vertrauen unter den Finanzmarktteilnehmern verschwand über Nacht. Als Folge davon wurde die Kreditgewährung an Unternehmen zurückgefahren. In der Folge kam es zu einer Wirtschaftskrise 2009, die zu einem Einbruch der wirtschaftlichen Leistungsfähigkeit Deutschlands führte. Das BIP schrumpfte um ca. 5%. Zwei Konjunkturpakete wurden geschnürt, um das Schlimmste zu verhindern und die Schockwellen der Panik an den Finanzmärkten abzufedern. Mit der Abwrackprämie wurden Autobesitzer ermuntert ihre 9 Jahre alten Autos gegen neue zu ersetzen. In vielen Betrieben wurde die Kurzarbeit eingeführt.

All diese Maßnahmen halfen der deutschen Wirtschaft. Bereits 2010 zeichnete sich ab, dass es nicht zu einer dauerhaften wirtschaftlichen Depression kommen würde.

Die Kurse an den Aktienmärkten stiegen wieder deutlich an.

Doch dann tauchten neue Hiobsbotschaften auf. Griechenland, das kleine Land an der Ägäis, geriet in wirtschaftliche Turbulenzen, von denen es sich bis heute noch nicht

---

[68] http://de.wikipedia.org/wiki/Hypo_Real_Estate

erholt hat. Mit Milliardenkrediten wird seit dem versucht, dem kleinen Land auf die Beine zu helfen. Die Bürger mussten dafür die Zeche zahlen. Steuererhöhungen, Rentenkürzungen, Kürzungen der Sozialleistungen und generelle Lohnkürzungen trafen die Griechen hart.

Auch andere europäische Länder traf es mitten ins Herz. Die Liste ist lang: Island, Irland, Italien, Spanien, Portugal. Mit Milliardenkrediten oder Staatsanleihenkäufen wurden Banken und Staaten gerettet.

Dabei profitierten diese Länder jahrelang von einer günstigen Finanzierung. Maßlos finanzierten Politiker ihre realitätsfernen Wahlversprechen ohne Reformen durchzuführen. Die günstigen Leitzinsen im Euro-Währungsraum führten zu einem Immobilienboom in Spanien, der ähnlich wie der amerikanische Häusermarkt implodierte. Seit dem kämpft Spanien mit einer hohen Arbeitslosigkeit und steigenden Zinsen für seine Anleihen.

Wie lange es dauern wird bis die Arbeitslosigkeit in den krisengebeutelten Staaten zurückgehen wird, weiß kein Mensch.

Jedoch koppelten sich die Märkte von dieser Entwicklung längst ab. Insbesondere Deutschland und Amerika, dass zeigen viele Kennzahlen, gehen gestärkt aus der Krise hervor. Die Arbeitslosigkeit ist niedrig (Deutschland) oder fällt wie in den USA. Die Unternehmen erzielen Rekordumsätze und Gewinne. Viele Unternehmen sitzen auf gigantischen Cash-Beständen, die nun wieder investiert werden könnten[69].

Es gibt letztlich also gute Gründe für eine weitergehende Hausse. Aber wie lange die mit reichlich Liquidität überfluteten Märkte noch steigen werden, kann mit Genauigkeit niemand vorhersagen. Für massive Aktienkäufe ist es zu spät.

Gemäß dem von Benjamin Graham erfundenen Value-Investment-Ansatz, Aktien günstig zu kaufen, was immer dann möglich ist, wenn die Kurse im Keller sind, ist

---

[69] http://www.ritholtz.com/blog/2013/01/why-are-corporations-holding-so-much-cash/

der Zug längst abgefahren. Wer jetzt investiert sollte sich darüber im Klaren sein, dass es Jahre dauern kann bis eine nennenswerte Rendite erzielt wird. Solche Aufsätze sollte man wieder lesen, wenn der Aktienmarkt 20% oder mehr crashte[70].

Fazit: Die Aufarbeitung der Finanzkrise hat viele Jahre in Anspruch genommen und wird uns noch eine ganze Weile beschäftigen. Nur mit Hilfe von staatlichen Rettungsmaßnahmen konnten wirtschaftliche Einbrüche abgefedert werden. Die Märkte honorierten dies und schöpften wieder Vertrauen. Neue Rekordstände an den Börsen sind das Resultat. Buy&Hold-Anleger, die zugriffen als die Nacht am dunkelsten war sitzen nun auf saftigen Gewinnen und dürfen hoffen, dass diese sich ausweiten werden. Insofern darf man sich auch mal zufrieden zurücklehnen. Für alle anderen gilt nun die Devise, dass jetzt Vorsicht die Mutter der Porzellankiste ist. Nur mit einem langen Atem und auf keinen Fall auf Pump lohnt sich nun noch der Einstieg. Nur große amerikanische und deutsche Unternehmen mit einer Dividendenrendite im Bereich zwischen 2 und 7 Prozentpunkten, die sich zudem in den aufstrebenden Schwellenländern wirtschaftlich betätigen, dürften auf lange Sicht auch weiterhin von einer wachsenden Weltbevölkerung und damit einhergehenden steigenden Konsumwünschen profitieren.

P.S.: Mein Bild zeigt Champagnerkorken, die angesichts neuer Rekordstände an den Finanzmärkten nun wieder knallen.

1.25 Das „Verlorene Jahrzehnt" – Was soll das sein?[71]

Angesichts neuer Rekordstände beim Dow Jones sprechen einige Finanzmarktteilnehmer nun davon, dass das „Verlorene Jahrzehnt" vorbei sein könnte[72].Gemeint ist damit die Tatsache, dass in den Nuller-Jahren in der Summe kein Cent verdient werden konnte. Klar, wer natürlich das Glück oder die Nerven

---
[70] http://www.faz.net/aktuell/finanzen/meine-finanzen/denkfehler-die-uns-geld-kosten/denkfehler-die-uns-geld-kosten-54-geld-verdienen-mit-der-schlaftablette-12100850.html
[71] http://welt-im-wandel.net/2013/03/das-verlorene-jahrzehnt-was-soll-das-sein/
[72] http://www.cnbc.com/id/100507978/Dow_Smashes_Record_End_of_the_039Lost_Decade039

hatte im Frühjahr 2003 einzusteigen oder aber seit den frühen 90ern im Markt investiert ist dessen Depot war wohl zu kaum einem Zeitpunkt im roten Bereich. Allerdings dürften das nur wenige geschafft haben.

Denn das Problem ist, dass die Mehrzahl der Anleger zur Unzeit in den Markt reingeht und kauft und zur Unzeit wieder verkauft[73].Nur wenige sind in der Lage gegen den Strom zu schwimmen und ihre Emotionen wie Angst und Gier im Griff zu haben.

Daher rate ich jedem Anleger, der in Aktien investiert ist nun Teilverkäufe vorzunehmen. Und zwar unabhängig davon, ob die Aktie unterhalb ihres intrinsischen Wertes notiert oder nicht. Freilich sehe ich das Problem einer solchen Vorgehensweise. Die Kurse können durchaus weiter klettern. Es kann sein, dass 2013 und darüber hinaus 2014 glänzende Jahre an der Börse werden. Das ist drin, keine Frage. Allerdings sollte man sich die Frage stellen, wann überhaupt verkauft werden soll, wenn nicht ausgerechnet auf dem Allzeithoch der Benchmark?

Selbst wenn die Börsen auch in den kommenden Jahren tendenziell steigen sollten wird es immer Einbrüche geben. Realistisch sind Kursverluste des Gesamtmarktes von bis zu 20% oder 25%. Im schlimmsten Fall können es auch mehr sein, wenn unvorhersehbare Ereignisse, sog. „Schwarze Schwäne" eintreffen. Das können Kriege sein, vorstellbar sind militärische Eskalationen mit dem Iran oder Nordkorea, oder Naturkatastrophen oder Terroranschläge und dergleichen mehr.

Daher macht es Sinn den Aktienanteil in den nächsten Monaten zu reduzieren und zwar unabhängig vom individuellen Risikotyp.

Nur derjenige der ultralangfristig investiert ist und mithilfe der Aktieninvestments für das Alter vorsorgt, der sollte investiert bleiben. Allerdings auch nur dann, wenn die Rente und Pension also der Lebensabend noch mindestens 10 Jahre entfernt sind.

---

[73] http://financialhighway.com/emotional-investing-why-we-buy-high-and-sell-low/

Wer hingegen in den kommenden Jahren in Rente geht, der darf und sollte sein Aktiendepot durchaus ebenfalls reduzieren.

Natürlich kann es in gewisser Weise schmerzlich sein, sich von seinen Aktienlieblingen zu trennen und anschließend zu beobachten wie die Kurse abheben. 10 Prozentpunkte, 20 Prozentpunkte…

Das ist möglich. Dann sollte man sich am besten vergegenwärtigen, dass die meisten Menschen überhaupt nicht an der letzten Hausse partizipierten.

Schlussendlich ist jetzt ein guter Zeitpunkt, um sich zumindest von einem Teilbestand der Aktien zu trennen. Da der nächste Crash mit Sicherheit eintreffen wird, haben die nun vorgenommenen Verkäufe den Vorteil, dass dann wieder Cash zum Nachkaufen vorhanden ist.

P.S.: Ich habe in diesem Artikel allgemeine Tipps zum Anlageverhalten im Sinne einer Contrarian-Vorgehensweise beschrieben. Letztlich hängt es von der individuellen Vermögenssituation, dem Risikotyp und den Anlagezielen ab, wie konkret vorgegangen werden sollte. Es ist nahezu unmöglich, allgemeine Grundsätze, die auf jeden Fall anwendbar sind, zu formulieren. Nichtsdestotrotz: Gemäß der alten Börsenregel „Buy low, sell high!" sollte nun tendenziell über Aktienverkäufe nachgedacht werden.

1.26 Bill Ackman - Financial Education[74]

Bill Ackman, Hedgefonds-Manager und Value-Investor hat ein financial education-Video gedreht[75].

Ackmans 8 Erfolgsfaktoren beim Investieren sind:

1. Invest in public companies - Investiere in öffentliche Unternehmen

---

[74] http://welt-im-wandel.net/2013/03/bill-ackman-financial-education/
[75] http://www.youtube.com/watch?v=WEDIj9JBTC8&feature=youtu.be

Damit ist ganz allgemein gemeint, dass man in Aktiengesellschaften investieren sollte, die ihr IPO=Initial PUBLIC Offering bereits hinter sich haben. Börsennotierte Unternehmen müssen in der Regel hohe Transparenzvorschriften beachten und Veröffentlichungspflichten nachkommen und stehen unter besonderer Beobachtung durch die Medien, so dass die Wahrscheinlichkeit geringer ist, sein Geld zu verlieren.

2. Understand how the company makes money - Verstehen Sie wie das Unternehmen Geld verdient

Es gibt Unternehmen mit einem klar durchschaubaren Geschäftsfeld. Bsp.: CocaCola - Der Limonadenhersteller produziert hauptsächlich Brausen, die jedermann kennt. Die Marke ist weltweit bekannt, die Getränke beliebt.

3. Invest at a reasonable price - Investieren Sie zu einem vernünftigen Preis

Investieren Sie zu vernünftigen Preisen. Diesen Punkt sollte man nicht unterschätzen. Viele Privatanleger haben noch heute Erinnerungen an die NewEconomy-Blase, die im Jahre 2000 platzte und den Neuen Markt in den Abgrund riss. Damals strömten Unternehmen aus der Technologie- und Internetbranche an die Finanzmärkte ohne, dass sie jemals zuvor Gewinne erwirtschaftet hätten. Abenteuerliche Kurs-Gewinn-Verhältnisse, Kurs-Buch-Verhältnisse, hohe Schulden etc. wurden ignoriert und lediglich die Phantasie der Anleger eines Tages könnten die absurd bewerteten Unternehmen viel Geld verdienen, führten zu völlig irrealen Bewertungen.

4. Invest in a company that could last forever - Investieren Sie in ein Unternehmen, das es bis in alle Ewigkeit geben könnte

Es gibt Gesellschaften, die sind heutzutage in Mode, weil ihre ganze Branche glamourös erscheint. Beispiele, die mir an dieser Stelle einfallen sind: Biotechnologie, Nanotechnologie, Hersteller batteriebetriebener Fahrzeuge, SocialMedia-Startups etc. - In diesen Branchen arbeiten in der Regel junge und gut ausgebildete, motivierte Menschen, die auf renditehungrige Investoren treffen und ein gemeinsames Ziel haben, nämlich durchaus sinnvolle Ideen voranzutreiben. Meist werden solche Unternehmen schnell in den Himmel gelobt und genauso schnell an die Börse gebracht. Dabei steckt in den Bewertungen dieser Firmen oftmals schon sehr viel Phantasie und die Aussicht ähnlich wie bei den Neuer-Markt-Buden, schnelle Gewinne zu erwirtschaften. Auch hier sollte man vorsichtig sein und in traditionsreiche lange existierende Unternehmen investieren, die sich längst durchgesetzt haben und nur noch Cash verdienen.

5. Find a company with limited debt - Finden Sie ein Unternehmen mit geringer Verschuldung

Eine hohe Verschuldung ist immer ein Zeichen für kapitalintensive Unternehmungen. So kostet es Milliarden eine Flugzeugflotte aufzubauen. Daher sind Airlines oftmals verdammt hoch verschuldet und gehen auch mal Pleite.

6. Look for high barriers to enter - Halten Sie Ausschau nach Unternehmen mit einer hohen Marktmacht

Es gibt Unternehmen mit einer monopolartigen Stellung. Ackman erwähnt hier wieder sein Beispiel CocaCola. Zwar hat der Getränkehersteller mit Pepsi einen durchaus bekannten und beliebten Konkurrenten. Jedoch sind die Marktanteile klar zugunsten von CocaCola verteilt, neuen Produzenten gelingt es nicht mehr diese Dominanz zu zerstören.

7. Invest in a company immune to extrinsic factores - Investieren Sie in Unternehmen, die immun sind gegen Einflussfaktoren von außen

Auch hier bleibt Ackman bei seinem Lieblingsbeispiel CocaCola und führt aus, dass es für dieses traditionsreiche Unternehmen völlig unerheblich ist, ob es zu Kriegen kommt, wo diese ausbrechen und wie lange sie andauern, wo die Zinsen stehen, wo es zu Naturkatastrophen kommt etc.

8. Invest in a company with low reinvestment costs - Investieren Sie in Unternehmen mit niedrigen Investitionskosten

Firmen, die zwecks Expansion erst einmal große und modern ausgestatte Fabriken bauen müssen oder aber Flugzeug-Airlines brauchen verdammt viel Bares, um zu wachsen. Meiden Sie in der Regel solche Aktienunternehmen.

9. Avoid investing in businesses with controlling shareholders - Meiden Sie Investitionen in Unternehmen mit Mehrheitsaktionären

Mehrheitsaktionäre haben meist eigene Interessen, die sich dem Durchschnittsaktionär nicht erschließen. Möglich ist, dass sich die Eigentumsverhältnisse oft und unüberschaubar verändern. Solche Unternehmen, so Ackman, sollte man tunlichst meiden.

1.27 Dax-Buchwert-Analyse[76]

Die FAZ veröffentlichte in den letzten Tagen einen Artikel mit einer ausführlichen Buchwert-Analyse[77]. Ich habe mir die Mühe gemacht und sie in einen simplen DAX-Chart übertragen (bitte das Bild einfach anklicken).

---

[76] http://welt-im-wandel.net/2013/03/dax/

Wie man sieht zeigt der Chart grob die letzten 14 Jahre des Kursverlaufs des wichtigsten Börsenbarometers DAX. Mit Pfeilen markiert habe ich die beiden letzten ATHs vom März 2000 und Sommer 2007. Rot markiert ist dabei der Bereich, der exakt dem von der FAZ errechneten Buchwert aller 30 DAX-Unternehmen entspricht.

Wie man sieht war der Abstand während des Bullenmarktes um die Jahrtausend-Wende am größten. Damals notierte der DAX bei ungefähr dem dreifachen Buchwert der DAX-30-Unternehmen. Entsprechend lange und steil ging es in den Folgejahren bergab, inkl. einer Übertreibung, der Panik Ende 2002 Anfang 2003, als der Irak-Krieg begann.

Die blaue Linie zeigt übrigens wie sich der Buchwert tendenziell über die Jahre entwickelte. Sicherlich verlief auch diese Entwicklung nicht durchgehend linear.

Was man jedoch schön sieht ist, dass der Abstand zwischen dem Buchwert der DAX-Unternehmen und dem DAX-Stand erneut groß war, als der Leitindex 2007 die 8.000-er Marke durchbrach. Damals entsprach der kulminierte Buchwert aller Unternehmen einem DAX-Stand von ungefähr 4.500 Punkten. Der DAX hatte also einen ungefähren Aufschlag von 80%, sprich dem Faktor 1,8.

Als die Immobilienblase platzte und die Banken ins Wanken gerieten ging es dementsprechend heftig bergab. Analog zur letzten Baisse rutschten die Kurse auch dieses Mal wieder unter den Buchwert. Dies zeigt wie groß die Angst war und wie irrational die Anleger handelten.

Die anschließende Erholung erfolgte schließlich mit einer Dynamik, die nahezu der vorhergehenden Ausverkaufsphase entsprach. 2011 erfolgte nochmals ein deutlicher Crash, bei dem der DAX wie man im Chart sieht schön bis zum Erreichen des Buchwerts (Faktor 1) korrigierte, bevor er anschließend wieder Fahrt aufnahm.

---

[77] http://www.faz.net/aktuell/finanzen/aktien/dow-jones-hoehenflug-der-wall-street-setzt-sich-fort-12105431.html

Heute nun notiert er also wieder, wie Anfang 2000 und Mitte/Ende 2007 im Bereich der 8.000-er Marke. Der aktuelle Buchwert der DAX-Unternehmen entspricht einem Stand von 5.800 Punkten. Damit zeigt sich ein aktueller Aufschlag von ca. 40%. Ergo notiert der DAX mit dem 1,4-fachen des Buchwertes der Aktienwerte.

Ein Rückschlagspotential ist also durchaus auch dieses Mal vorhanden und nicht zu unterschätzen. Allerdings würde ein gegenwärtiger Crash, bei einem DAX-Stand von 8.000, nach einem 27,5%-igen Kursrutsch den Buchwert-Stand erreichen. Jeder stärkere Crash wäre wieder irrational und sollte den Anlegern, spätestens, als Kaufsignal dienen.

Daten ohne Gewähr.

1.28 Wirtschaftsnobelpreis für Robert Shiller[78]

Robert Shiller ist ein Genie.[79] Der Yale-Professor erhielt am Montag für seine langjährigen Forschungsergebnisse rund um Kapitalmarkt-Themen den Wirtschaftsnobelpreis.

Seine wissenschaftliche Arbeit zeichnet sich aus durch:

1. Prognosefähigkeit

Shiller hat ein ausgesprochen gutes Näschen für Blasen-Entwicklungen. Er sah die Dotcom-Blase voraus. Über ihr Platzen und die irrationale Euphorie schrieb er ein Buch.[80] Er sah aber auch das Entstehen der Häuserblase rechtzeitig voraus.[81]

2. Case-Shiller-Index

---

[78] http://welt-im-wandel.net/2013/10/wirtschaftsnobelpreis-fuer-robert-shiller/
[79] http://de.wikipedia.org/wiki/Robert_Shiller
[80] http://www.amazon.de/Irrationaler-%C3%9Cberschwang-Warum-Baisse-unvermeidlich/dp/3593366649/ref=sr_1_1?ie=UTF8&qid=1381943873&sr=8-1&keywords=irrationaler+%C3%BCberschwang
[81] http://www.nytimes.com/2005/08/21/business/yourmoney/21real.html?pagewanted=all&_r=0

Shiller entwickelte den Case-Shiller-Index[82], einen Indikator für die Preisentwicklung amerikanischer Immobilienmärkte. Schaut man sich seinen Indikator an, so stellt man fest, dass sich der amerikanische Immobilienmarkt längst aus dem Tal der Tränen der Jahre 2008 und 2009 befreit hat. Zumindest in einigen Ballungszentren und Großstädten. So steigen die Immobilienpreise teilweise, wie in Las Vegas, wieder deutlich, nämlich zweistellig pro Jahr.[83] Shiller selbst sieht für Gesamt-Amerika jedoch keine beunruhigende Entwicklung.[84]

3. Unmöglichkeit der kurzfristigen Vorhersehbarkeit von Aktienkursen

Der Nobelpreisträger verneint die Möglichkeit kurzfristige Preisvorhersagen an den Finanzmärkten treffen zu können. Im Gegensatz zu Langfristigen. Shiller war einer der ersten, der aufzeigte, dass die Volatilität von Aktienkursen höher ist verglichen zu der Volatilität der Dividendenzahlungen.[85] Diese Erkenntnis mag heutzutage niemanden aus den Socken hauen. Unternehmen stehen nun mal im Eigentum ihrer Aktionäre, so dass sie ungern ihre Dividendenzahlungen kürzen. Im Gegenteil: Sie sind bestrebt diese permanent zu erhöhen, um ihre Aktionäre bei Laune zu halten. Kontinuität lautet hier das Zauberwort. Und folglich gehören diejenigen Aktiengesellschaften zu den erfolgreichsten, die kontinuierlich ihre Dividenden erhöhen.

4. Behavioral Finance

Aktienpreise werden durch Käufer und Verkäufer bestimmt. Und genau die agieren gerade an den Finanzmärkten bisweilen höchst irrational. Das ist eine weitere

---

[82] http://en.wikipedia.org/wiki/Case%E2%80%93Shiller_index
[83] https://www.spice-indices.com/idpfiles/spice-assets/resources/public/documents/53129_cshomeprice-release-0924.pdf?force_download=true
[84] http://www.thestreet.com/story/12067948/1/nobel-winner-robert-shiller-says-there-is-no-housing-bubble-yet.html
[85] http://www.nytimes.com/2013/10/15/business/3-american-professors-awarded-nobel-in-economic-sciences.html?pagewanted=2

Kernaussage Shillers. So verbindet er Erkenntnisse der Behavioral Finance[86], einer noch jungen finanzmarktspezifischen Disziplin, mit der Ökonomie.

5. Steuerbremse

Auch steht Shiller für eine Art "automatische Steuerbremse" steht, die immer dann greift, wenn es zu krassen Einkommensungleichgewichten kommt. Immer dann soll nämlich diese Steuerbremse dafür sorgen, dass diese Ungleichgewichte so weit es möglich ist und Sinn macht (das Leistungsprinzip soll nicht ausgehebelt werden, sprich überdurchschnittliche Leistungen sollen sich auch weiterhin lohnen) ausbalanciert werden. Da in den USA derzeit die Schere zwischen niedrigen und höheren Einkommen auseinanderklafft, plädiert der Professor für Steuererhöhungen.[87] Damit ist er übrigens der gleichen Meinung wie Warren Buffett. – Es ist allerdings davon auszugehen, dass es zu keinerlei steuerrechtlichen Anpassungen dieser Art kommen wird, solange ein paar ideologievernarrte Tea-Party-Anhänger das ganze Land lähmen können.

---

[86] http://www.amazon.de/Behavioral-Finance-Joachim-Goldberg/dp/3932114310/ref=sr_1_2?ie=UTF8&qid=1381947886&sr=8-2&keywords=behavioral+finance
[87] http://www.businessinsider.com/robert-shiller-government-stimulus-taxes-mortgages-2012-11

2 Gesellschaftliche und politische Phänomene

2.1 Waschen Sie sich mal, und rasieren Sie sich - dann bekommen Sie auch einen Job![88]

Es waren diese Worte von Kurt Beck, die dieser auf einer Wahlkampfveranstaltung einem Arbeitslosen entgegen schleuderte, nachdem Henrico Frank, einst bekannt als Deutschlands frechster Arbeitslose[89] ihm eine fatale Arbeitsmarktpolitik attestierte und ihm vorwarf Arbeitslose zu stigmatisieren.

Heute, einige Jahre und einen Job bei einem Radiosender später, steht nunmehr fest, dass der ehemals pöbelnde Arbeitslose künftig kommunalpolitisch aktiv wird. Kein Scherz! Bei den gestrigen Kommunalwahlen in Hessen, die im Schatten der beiden Landtagswahlen kein mediales Aufsehen erregten, hat seine Freie Wählergemeinschaft nämlich 5,5% der Stimmen bekommen. Damit zieht er nun als Kommunalpolitiker in den Ortsbeirat von Wiesbaden Westend, da er Listenplatz Nummer Eins belegte.

Erinnerungen an Joanne K. Rowling und viele andere sozial Abgestiegene werden wach. Erstere hat sich meines Wissens nach zwar nie politisch engagiert, mit ihren Fantasy-Romanen rund um den Zauberlehrling Harry Potter aber dennoch weltweit Ruhm und Ehre erlangt und es mit millionenfach verkauften Exemplaren sogar auf Platz 891 der Forbes-Liste[90] geschafft. Wahnsinn!

Fazit: Never give up!

---

[88] http://welt-im-wandel.net/2011/03/waschen-sie-sich-mal-und-rasieren-sie-sich-dann-bekommen-sie-auch-einen-job/
[89] http://www.faz.net/aktuell/rhein-main/region/wiesbaden-westend-deutschlands-frechster-arbeitsloser-nun-im-ortsbeirat-1612174.html
[90] http://www.forbes.com/lists/2007/10/07billionaires_Joanne-%28JK%29-Rowling_CRTT.html

2.2 Landtagswahlen bestätigen: die Ökoindustrie ist der neue Megatrend[91]

Was in 50 Jahren sein wird, das kann keiner mit Gewissheit sagen. Wenn ich mir vorstelle was 1961 los war. Das deutsche Wirtschaftswunder ging gerade erst los, es folgten Jahre des wachsenden Wohlstands für alle..., ich denke die Situation kann durchaus verglichen werden. Damals wurde das Land gerade erst wieder aufgebaut, nachdem es Jahre zuvor noch in Schutt und Asche lag. Das ist heute zum Glück nicht der Fall. Aber meines Erachtens nach wird es die nächsten Jahre und Jahrzehnte eine ökologische Trendwende geben. Im Privatsektor sollte es zumindest so aussehen, dass immer effizientere Heizsysteme eingesetzt werden, eine bessere Dämmung die Energie besser speichert und der Strombedarf im Idealfall durch auf dem Dach installierte Solaranlagen produziert wird. Die Energiewende wird in der Industrie viele Arbeitsplätze neu schaffen, all die Energiekonzerne müssen jetzt umdenken.

Ich muss zugegeben, dass ich nie zu den Atomkraftgegnern gehörte. Aber die Landtagswahlen haben doch gezeigt, wo der Weg langfristig hinführen soll. Die Lobbypolitik wurde abgewählt, insb. die FDP sollte schleunigst umdenken, sonst wird sie im Tal der Tränen bleiben.

Ich versteh auch nicht ganz wieso der Ausstieg aus dem Ausstieg so forciert wurde. Atomstrom schafft doch überhaupt keine Arbeitsplätze. Die paar Ingenieure in den AKWs, es wird die immens hohe Rentabilität sein, die AKWs sind längst abgeschrieben, es sind reine Gelddruckanlagen. Das wird's wohl sein.

Die Öko-Industrie hat meines Erachtens nach auf jeden Fall Potential langfristig an Bedeutung zu gewinnen und auch zu Recht. Sie schafft mehr Arbeitsplätze als die Industrie der konventionellen Energieträger, ist sauber und auch noch schick. Je mehr

---

[91] http://welt-im-wandel.net/2011/03/landtagswahlen-bestaetigen-die-okoindustrie-ist-der-neue-megatrend/

das Thema forciert werden wird, desto rentabler wird sie und am Ende müsste sich das auch in einem humanen Strompreis widerspiegeln.

Und die AKW-Ingenieure können wir ja nach China schicken, damit diese den AKW-geilen Chinesen bei deren Bau neuer AKWs behilflich sein können. Die Allianz Global Investors sieht in der Umwelt-Industrie einen neuen Megatrend, ich hab das auch in meinem Blog gepostet.

Jürgen Trittin meinte bei Anne Will am So, dass 17% des in D erzeugten Stromes von den Erneuerbaren produziert wird, da ist also noch viel Luft nach oben…

2.3   2011 - das Jahr des Protestes – Teil 1[92]

Das Jahr 2011 ist noch lange nicht zu Ende. Zwei Monate vor dem Jahreswechsel lässt sich aber mit Fug und Recht behaupten, dass dieses Jahr ein Jahr des Protestes gewesen ist.

Stuttgart 21

Angefangen hat es mit den Demonstrationen gegen das umstrittene Bahnhofsprojekt Stuttgart 21 und für den Erhalt des Kopfbahnhofs[93], die im Herbst vergangenen Jahres begannen und bei den Landtagswahlen in Baden-Württemberg den ersten grünen Ministerpräsidenten der Geschichte der BRD[94] hervorbrachten. Am 27.11.11 soll nun in einer Volksabstimmung über den Bahnhof entschieden werden.[95]

---

[92] http://welt-im-wandel.net/2011/10/2011-das-jahr-des-protestes/
[93] http://www.kopfbahnhof-21.de/
[94] http://www.manager-magazin.de/politik/deutschland/0,2828,753485,00.html
[95] http://www.sueddeutsche.de/politik/stuttgart-weg-fuer-die-volksabstimmung-ist-frei-1.1152002

Piratenpartei

Der allgemeine Unmut zeigt sich hierzulande mittlerweile auch in dem Einzug der Piratenpartei in das Abgeordnetenhaus Berlins. Knapp 9 % der Wählerstimmen holten die Piraten bei den letzten Landtagswahlen und überraschten damit so manch einen Polit-Beobachter. Dabei gehen die Piraten mit nur einem einzigen Thema auf Stimmenfang: dem Internet.[96]

Experten wie der ARD-Hauptstadt-Korrespondent Ulrich Deppendorf[97] sehen die Piratenpartei kritisch geben ihr gleichzeitig aber auch Chancen sich über kurz oder lang zu etablieren, wenn sie auch andere Politik-Felder inhaltlich besetzen.

2.4 Führungschaos in der FDP[98]

Die Liberalen befinden sich in der Krise. Das ganze Jahr 2011 stand unter keinem guten Stern für die Freie Demokratische Partei. Viele verlorene Landtagswahlen[99] führten dazu, dass sich das Personalkarussell innerhalb der Führungsspitze zu drehen begonnen hat. Erst gab der aktuelle Bundesaußenminister Guido Westerwelle seinen Parteivorsitz ab, Philipp Rösler übernahm.[100] Nun verkündete auch der Generalsekretär Christian Lindner seinen Rücktritt,[101] nachdem er durch unglückliche Äußerungen zu dem von Frank Schäffler[102] initiierten ESM-Mitgliederentscheid unter Druck geriet. Damit ist der Machtkampf innerhalb der FDP offen zu Tage getreten und es bleibt gleichzeitig fraglich, wie sich der Richtungsstreit zu dem Europäischen Stabilitätsmechanismus, kurz ESM, weiter entwickeln wird.

---

[96] http://www.piratenpartei.de/
[97] http://www.youtube.com/watch?v=P-D0lG_KWBs
[98] http://welt-im-wandel.net/2011/12/fuhrungschaos-in-der-fdp/
[99] http://blog.tagesschau.de/2011/09/18/bilanz-des-super-wahljahres/
[100] http://www.stern.de/politik/deutschland/neuer-fdp-parteivorsitzender-roesler-uebernimmt-von-westerwelle-1684829.html
[101] http://www.n-tv.de/politik/Lindner-haelt-Kopf-fuer-Roesler-hin-article4997376.html
[102] http://www.frank-schaeffler.de/

2.5 BMI-Studie zu Muslimen[103]

Das Bundesinnenministerium hat eine neue Studie zur Integrationsbereitschaft junger Muslime[104] herausgebracht. Sehr ausführlich wird analysiert warum es gerade unter jungen Muslimen auffällig häufig zu einer missglückten Integration kommt. Ich habe die gewaltige 760 Seiten lange Studie punktuell gelesen und komme unter dem Vorbehalt, dass ich Stellen überlas zu folgendem Schluss (Auszug aus meinem facebook-post):

Ich habe die Studie nun gelesen, zumindest Teile davon und ich muss sagen, dass sie zu einseitig ist: Die Autoren gehen davon aus, dass Integration einzig und allein in eine Richtung stattfindet. Man wird den Eindruck nicht los, dass eine erfolgreiche Integration ausschließlich in der Übernahme aller Werte der Mehrheitsgesellschaft durch die Minderheit liegt. Darüber hinaus wird nirgends eine Grenzziehung vollzogen, an welcher Stelle Integration in lästige und unterwürfige Anbiederung umschlägt (der Begriff „anbiedern" fällt kein einziges Mal, auch kein Synonym – benutzt habe ich die automatische Suchfunktion). – Die Schlussfolgerungen finde ich teils blauäugig um nicht zu sagen realitätsfremd, wenn etwa empfohlen wird, dass bei internationalen Konflikten seitens der Medien nicht die Religion in den Vordergrund gestellt werden soll. – Spannend sind die Interviews inkl. der Analysen und die Untersuchung der Vorurteile gegenüber dem Westen und den Juden insb. unter Berücksichtigung der konfliktgeladenen Situation im Nahen Osten. Insgesamt ist die Studie aber gelungen und objektiv.

Hier ist der offizielle Link auf die Internet-Seite des BMI[105], auf der die Studie ganz knapp zusammengefasst wird.

---

[103] http://welt-im-wandel.net/2012/03/bmi-studie-zu-muslimen/
[104] http://www.bmi.bund.de/SharedDocs/Downloads/DE/Broschueren/2012/junge_muslime.pdf?__blob=publicationFile
[105] http://www.bmi.bund.de/SharedDocs/Kurzmeldungen/DE/2012/02/junge_muslime.html

2.6 NSU-Untersuchungsausschuss[106]

Wenn rechtsradikale Terroristen Migranten töten möchten, dann werden sie sich auch in Zukunft nur schwer davon abhalten lassen. – Mal sehen was im Untersuchungsausschuss zu den NSU-Morden[107] herauskommt. Ein Umbau des Verfassungsschutzes[108] ist schwer vorstellbar, es gibt mehrere Säulen gegen so ziemlich jede Form des Terrorismus, komme er vom linken oder rechten Rand oder aus dem islamistischen Milieu. Erwogen werden könnte auch eine Kompetenzerweiterung, darüber hinaus mehr Man-Power, mehr Mittel. Die (rechtliche) Kompetenzerweiterung wird schwerlich machbar sein, da das Bundesverfassungsgericht die Bürger- und Freiheitsrechte hoch achtet, wie man an den Urteilen zu der Vorratsdatenspeicherung[109] und dem Großen Lauschangriff[110] sieht. Außerdem ist die Bundesjustizministerin Leutheuser-Schnarrenberger von der FDP bekannt dafür, sich für die Rechte der Bürger einzusetzen. An der ACTA-Bewegung sieht man des Weiteren dass vor allen Dingen junge Internetuser jede Einmischung in die Privatsphäre, sehr kritisch würdigen.

Der Staat hat eine schwierige Aufgabe. Er muss auf der einen Seite seine Bürger vor Terroristen und (schweren) Straftätern schützen, darf auf der anderen Seite aber auch nicht deren Rechte beschneiden und nur in begründeten Ausnahmeverdachtsfällen zu aus Gefahrenabwehrsicht effektiveren Mitteln (Telefonabhören) greifen.

Damit zeigt sich das ganze Dilemma des Staates. Letzten Endes bleibt es bei den Bürgerinnen und Bürgern selbst hängen, mit offenen Augen durch die Welt zu laufen, hellhörig zu sein und im entscheidenden Moment Zivilcourage an den Tag zu legen. Nur so kann man hoffen, dass es die tragische Verkettung unglücklicher Umstände,

---

[106] http://welt-im-wandel.net/2012/03/nsu-untersuchungsausschuss/
[107] http://www.faz.net/aktuell/politik/inland/rechtsextremismus/nsu-untersuchungsausschuss-noch-fehlen-wichtige-akten-11676778.html
[108] http://www.verfassungsschutz.de/
[109] https://www.bundesverfassungsgericht.de/entscheidungen/rs20100302_1bvr025608.html
[110] http://www.bverfg.de/entscheidungen/rs20040303_1bvr237898.html

die dazu führte, dass drei Zwickauer Neonazis jahrelang ungehindert Ausländer ermorden konnten, ohne je dabei erwischt worden zu sein, ein Ausnahme bleibt.

Frischen Wind liefert die Aufarbeitung der NSU-Morde in eine ganz alte, andere Debatte, nämlich die des Für und Wieder eines Verbotsverfahrens der NPD[111]. So möchte der Innenminister nun prüfen lassen, ob es realistisch sei, ein solches Verbotsverfahren wieder in Angriff zu nehmen. Nicht noch einmal möchte man sich blamieren, nachdem das letzte Verfahren scheiterte, weil zu diffus war, wie viele V-Leute die NPD letzten unterwanderten und wer wen gegen wen zu welchen Aktionen aufstachelte.

2.7 Piraten in den Parlamenten[112]

Ich gebe einen Tipp ab: Die Piraten-Partei schafft es bei den kommenden Landtagswahlen (Schleswig-Holstein und NRW) in die Länderparlamente und auch bei der Bundestagswahl im nächsten Jahr in den Bundestag. Zugegeben seltsame Vorstellung: "Die Piraten entern den Bundestag!"

So oder so ähnlich könnte der Wahlslogan der jungen gerade erst fünf Jahre alten Partei[113] im Bundestagswahlkampf lauten. Aber so weit sind wir noch nicht.

Gestern schafften die als Chaoten verschrienen Piraten-Politiker den Einzug in einen weiteren Landtag.[114] Nachdem Sie im vorigen Jahr in der Bundeshauptstadt Berlin beachtliche 8,9 % der Stimmen für sich gewinnen konnten sind sie nun auch im Saarland mittendrin. Dabei darf nicht verkannt werden, dass es ihnen aus dem Stand gelang. Noch vor kurzem hatten sie im Saarland in gerade einmal einem von sieben

---

[111] http://www.spiegel.de/politik/deutschland/rechtsextremismus-friedrich-skizziert-zeitplan-fuer-npd-verbotsverfahren-a-814205.html
[112] http://welt-im-wandel.net/2012/03/piraten-in-den-parlamenten/
[113] http://www.piratenpartei.de/navigation/presse/gr%C3%BCndung
[114] http://www.faz.net/themenarchiv/politik/wahl-im-saarland-2012/piraten-im-saarland-kapern-und-ein-wenig-kaspern-11697615.html

Wahlkreisen überhaupt Vertreter/Innen gehabt. Zudem wurden sie von der plötzlichen Neuwahl nach der von der alten und neuen saarländischen Ministerpräsidentin Kramp-Karrenbauer aufgelösten Jamaika-Koalition überrascht.

Allerdings werfen Kritiker zu Recht ein, dass die Piraten-Partei auf Dauer mehr anbieten muss als nur mehr die Forderung nach mehr Transparenz in der Politik und Freiheit im Internet. Ob die Piraten mit dem überschaubaren Parteiprogramm[115], das existentielle Punkte wie Wirtschaft und Finanzen überhaupt nicht anspricht, zukunftsfähig aufgestellt sind, ist wirklich fraglich.

Jedoch zeigen Umfragen, dass sie sowohl in NRW[116] als auch in Schleswig-Holstein[117] und auch bundesweit[118] bei 5% und darüber notieren. Daraus lässt sich schlussfolgern, dass es eine nicht zu unterschätzende Anzahl an Bürger/Innen gibt, die bereit sind die Protest-Piraten zu wählen. Über die Gründe weshalb die Piraten einen solchen Zulauf haben lässt sich nur spekulieren. Sicherlich ist es eine Mischung aus Politikverdrossenheit und dem Eindruck die etablierten Parteien sprächen sie, die Bürger, nicht mehr an. Aktuelle Transparenz-Desaster wie die Affäre um Kredite und Medien-Drohungen durch den Ex-Bundespräsidenten Wulff tragen darüber hinaus mit Sicherheit einen weiteren Beitrag zu dem derzeitigen Aufwind der Piraten.

Der Rausch der Piraten dürfte also noch ein wenig anhalten. Mein Tipp von oben steht jedenfalls.

2.8 Günter Grass - persona non grata[119]

Günter Grass Gedicht "Was gesagt werden muss"[120] schlägt derzeit hohe Wellen, nicht nur in Deutschland. In seinem Gedicht, das im Grunde gar keines ist,

---

[115] http://wiki.piratenpartei.de/wiki/images/0/04/Grundsatzprogramm-Piratenpartei.pdf
[116] http://www.wahlrecht.de/umfragen/landtage/nrw.htm
[117] http://www.wahlrecht.de/umfragen/landtage/schleswig-holstein.htm
[118] http://www.wahlrecht.de/umfragen/index.htm
[119] http://welt-im-wandel.net/2012/04/gunter-grass-persona-non-grata/

thematisiert er den Nahost-Konflikt und kritisiert Israel scharf. Indem der jüdische Staat eine militärische Operation gegen den Iran erwäge, gefährde das kleine Land am Mittelmeer den gesamten Weltfrieden.

Damit zeigt Grass nicht nur seine Nahost-Inkompetenz, sondern provoziert auch noch entrüstete Reaktionen. Denn erst vor wenigen Jahren gab der hervorragende Schriftsteller ("Blechtrommel") und Literaturnobelpreisträger Grass zu, während der NS-Zeit als Jugendlicher SS-Mitglied[121] gewesen zu sein. Wie er vor diesem Hintergrund auf die Idee kommen konnte den jüdischen Staat Israel zu kritisieren, ist mir völlig schleierhaft. Hätte er mal besser geschwiegen. Grass verkennt die gesamte Gefährdungssituation im Nahen Osten: Es ist der Iran, der Israel das Existenzrecht abspricht. Es ist der iranische Präsident Ahmadinedschad, der wiederholt den Holocaust leugnet und davon spricht Israel auszulöschen.[122] Kein Wunder also, dass Israel nun erwägt, gegen seinen Erzfeind militärisch vorzugehen, wo doch seit Jahren vermutet wird, dass der Iran Plutonium anreichert, um sich in die Lage zu versetzen, Atombomben zu bauen. Das sind die Fakten, die nicht erst seit gestern bekannt sind. Und so fiel die Reaktion auf das Gedicht auch dementsprechend negativ aus. Hier eine kleine Presseschau:

Interview mit Marcel Reich-Ranicki[123]
Michel Friedman[124]
Guido Westerwelle[125]

---

[120] http://www.sueddeutsche.de/kultur/gedicht-zum-konflikt-zwischen-israel-und-iran-was-gesagt-werden-muss-1.1325809
[121] http://de.wikipedia.org/wiki/G%C3%BCnter_Grass#Zugeh.C3.B6rigkeit_zur_Waffen-SS
[122] http://www.welt.de/politik/ausland/article13567609/Mahmud-Ahmadinedschad-will-Israel-ausloeschen.html
[123] http://www.faz.net/aktuell/feuilleton/debatten/das-israel-gedicht-von-grass/marcel-reich-ranicki-ueber-grass-es-ist-ein-ekelhaftes-gedicht-11710933.html
[124] http://www.focus.de/politik/deutschland/umstrittenes-iran-gedicht-zentralrat-der-juden-ist-entruestet-ueber-grass_aid_732743.html
[125] http://www.faz.net/aktuell/feuilleton/debatten/das-israel-gedicht-von-grass/marcel-reich-ranicki-ueber-grass-es-ist-ein-ekelhaftes-gedicht-11710933.html

Eine Reaktion Israel selbst ließ ebenfalls nicht lange auf sich warten. Es erklärte den Schriftsteller zur persona non grata und will nun alsbald ein Einreiseverbot gegen Grass[126] verhängen. Ob das verhältnismäßig ist oder nicht doch überzogen mag dahingestellt sein. Günter Grass hat jedenfalls erreicht einen gehörigen Teil der Aufmerksamkeit auf sich zu ziehen. Antisemit ist er zwar wohl nicht, mittlerweile räumte er ein, dass es ein Fehler gewesen ist, dass er sein Gedicht an das Land Israel adressierte, eigentlich meinte er lediglich die israelische Regierung. Trotzdem: Wenn jetzt sogar die SPD die Konsequenz zieht bei ihren zukünftigen Wahlkämpfen auf dessen Hilfe verzichten zu wollen[127], dann zeigt dies die Grenzwertigkeit des Gedichts.

2.9 Was denken die Philosophen? - Was würden Sie heute sagen?[128]

Ich frage mich, was wohl die Philosophen, Schriftsteller und Denker heutzutage sagen oder sagen würden und komme zu folgendem Ergebnis:

Hermann Hesse[129], ein bedeutender Schriftsteller, dessen Todestag sich gerade zum 50. Mal jährt, hatte die Einstellung, dass Akzeptanz Stillstand bedeutet und Anpassung Philistertum[130]. Nicht auszuschließen, dass er sich in den TV-Talk-Shows der Republik tummeln würde, um dort seinen Senf dazu zu geben.

Friedrich Nietzsche[131], einer der größten deutschen Denker des 19. Jahrhunderts, hätte bei dem Treiben der Banken an seine Aussage „Gott ist tot." erinnert und an die Tugenden seines Übermenschen[132] appelliert.

---

[126] http://www.stern.de/news2/aktuell/israel-verhaengt-einreiseverbot-gegen-guenter-grass-1810995.html
[127] http://www.spiegel.de/politik/deutschland/spd-politiker-wollen-auf-wahlkampfhilfe-von-guenter-grass-verzichten-a-826443.html
[128] http://welt-im-wandel.net/2012/08/was-denken-die-philosophen-was-wurden-sie-heute-sagen/
[129] http://de.wikipedia.org/wiki/Hermann_Hesse
[130] http://www.sueddeutsche.de/kultur/hesse-biografien-zum-todestag-streunender-wolf-in-ernsten-alleen-1.1436258
[131] http://de.wikipedia.org/wiki/Friedrich_Nietzsche
[132] http://de.wikipedia.org/wiki/Also_sprach_Zarathustra#Grundgedanken:_.C3.9Cbermensch.2C_ewige_Wiederkunft.2C_Wille_zur_Macht

Theodor Adorno [133] wäre wohl ebenfalls wütend. Dem großen Denker und Philosophen des 20. Jahrhunderts, Begründer und Hauptvertreter der Frankfurter Schule und damit der kritischen Theorie[134] verdanken wir den Satz:„ Es gibt kein richtiges Leben im Falschen!"[135]

Und last but not least ein Philosoph aus der Gegenwart und der einzige, der von den Vieren noch lebt: Richard David Precht[136].

Er würde nicht nur sagen, sondern er sagt auch tatsächlich, dass wir in einer Zeit der spätrömischen Dekadenz[137] leben, in der der Milliardär sein Geld auf den Cayman-Inseln parkt oder in der Schweiz bunkert, um keine Steuern zu zahlen. Die eigentlichen Steuerzahler würden bei der Steuererklärung tricksen wo sie nur könnten und sich über die Ärmsten, die Hartz IV-Empfänger, beschweren, die keine Steuern zahlen, sondern auf Steuerzahlerkosten leben. Jedoch hätte letzten Endes niemand das Recht, dem Anderen sein Verhalten vorzuhalten, nach dem Motto: „Wer im Glashaus sitzt, der sollte nicht mit Steinen werfen." – Seine Empfehlung ist, die Erwartungen an die Politik zu senken.

Wer zu viel erwartet, der muss enttäuscht werden, wer wenig erwartet, der kann enttäuscht werden, wer jedoch gar nichts erwartet, der wird auch nicht enttäuscht.

2.10 Muslim Demographics[138]

Im Internet kursiert schon seit Längerem ein Video zur demografischen Entwicklung muslimischer Immigranten. Auf youtube wurde der Streifen bereits annähernd 14 Millionen Mal angeklickt[139].

---

[133] http://de.wikipedia.org/wiki/Adorno
[134] http://de.wikipedia.org/wiki/Kritische_Theorie
[135] http://de.wikipedia.org/wiki/Es_gibt_kein_richtiges_Leben_im_falschen
[136] http://de.wikipedia.org/wiki/Richard_David_Precht
[137] http://www.youtube.com/watch?v=ZEJpHL2rkEE
[138] http://welt-im-wandel.net/2013/03/muslim-demographics/
[139] http://www.youtube.com/watch?v=6-3X5hIFXYU

Worum geht es in dem Video? - Das Video zeigt die Geburtenrate in ausgewählten Industriestaaten und zeigt insbesondere den deutlichen Unterschied zwischen der niedrigen Geburtenrate der Mehrheitsgesellschaft und der im Vergleich dazu höheren Geburtenrate der muslimischen Minderheit auf. Sicherlich wird daran etwas Wahres dran sein. Das würde ich niemals leugnen. Allein es geht mir darum, den Subtext zu kritisieren. Das Video löst meines Erachtens ein Unbehagen aus, es zielt darauf ab ein Gefühl der Überfremdung auszulösen. Kurzum, aus meiner Sicht wird durch solch ein Video Angst vor der sicherlich für Viele fremden islamischen Kultur erzeugt.

Bestätigt in meiner Einschätzung sehe ich mich vor allem in der Prognose, die in dem Video abgegeben wird. So wird eine düstere Zukunft mit einer explodierenden muslimischen Bevölkerungsschicht vorhergesagt. Thilo Sarrazin lässt grüßen.

Sicherlich lässt sich nicht bestreiten, dass der Anteil einzelner ethnischer oder auch religiöser Bevölkerungsminderheiten an der Gesamtbevölkerung durchaus zunehmen kann. Niemand wird ernsthaft bestreiten, dass Barack Obama nicht zuletzt aufgrund eines gewaltigen Stimmenanteils aus dem Lager der Immigranten die letzte US-Präsidentschaftswahl gewonnen hat.

Doch bin ich skeptisch, wenn diese Entwicklung auf Jahrzehnte hinaus fortgeschrieben wird, um mit den dann pessimistischen Ergebnissen in der Gegenwart Politik und Stimmung gegen Minderheiten zu machen.

Der Demografie-Experte Doug Sanders hat zur Bevölkerungsentwicklung und hier insbesondere zum Mythos eines sich ausbreitenden Islams ein spannendes Buch "The Myth of the Muslim Tide" geschrieben[140].Sanders holt in seinem Buch weit aus. Er vergleicht die Einwanderung muslimisch-gläubiger Menschen in westliche Länder mit der Einwanderung von Juden und Katholiken in die USA und erläutert wie bei deren Einwanderung dieselben Überfremdungsmythen und Vorurteile erzeugt

---

[140] http://muslimtide.com/

wurden, wie es gegenwärtig auch bei den Muslimen der Fall ist. Bei amazon gibt es das Buch auch auf Deutsch[141].

Erwähnenswert ist zu guter letzt noch, dass Kardinal Peter Turkson aus Ghana auf der letztjährigen Bischofssynode in Rom dieses Video den anderen Klerikern vorführte[142]. Turkson gilt als einer der Top-Favoriten für das Papstamt und damit die Nachfolge Benedikt des XVI.

2.11 Internetkommunikation – Frust, Zynismus, Rassismus & Herdenverhalten[143]

Im Internet wird verdammt viel diskutiert. Es gibt unzählige Blogs, Foren und virtuelle Chaträume. Hinzu kommt, dass die meisten Nachrichtenportale ihren Artikeln die Möglichkeit Kommentare abzugeben, anfügen. All diese neuen Kommunikationstechnologien werden auch rege genutzt. Ich schließe mich da gar nicht aus. Auch ich blogge und nutze täglich twitter und facebook. Dabei beachte ich stets die Netiquette[144]. Beleidigungen, rassistische oder diskriminierende Äußerungen sind genauso zu unterlassen wie digitales Mobbing, Verleumdungen, üble Nachrede etc. – Doch das tut bei weitem nicht jeder. Im Gegenteil. Polemische Äußerungen haben längst überhandgenommen im world wide web. Mit am krassesten ist es wohl bei politischen und wirtschaftlichen Themen. Aber auch sämtliche Neuigkeiten rund um das Thema „Integration" werden bisweilen mit einer unsachlichen Emotionalität diskutiert. Hier noch von einer Schwarmintelligenz[145] zu sprechen grenzt an Zynismus bzw. Realitätsverweigerung.

---

[141] http://www.amazon.de/Mythos-%C3%9Cberfremdung-Abrechnung-muslimische-Einwanderung/dp/3896674862/ref=sr_1_1?s=books&ie=UTF8&qid=1363017081&sr=1-1
[142] http://www.opposingviews.com/i/religion/christianity/catholicism/could-muslim-controversy-overshadow-appointment-first-black-pope
[143] http://welt-im-wandel.net/2013/03/internetkommunikation-frust-zynismus-rassismus-herdenverhalten-im-web-eskalieren/
[144] http://de.wikipedia.org/wiki/Netiquette
[145] http://de.wikipedia.org/wiki/Schwarmintelligenz

Hass-Netzwerke wie das Portal „PoliticallyIncorrect" [146] werden millionenfach angeklickt. Was dort kommuniziert wird geht auf keine Kuhhaut. Haben sich die User erst einmal unter einem Pseudonym eingeloggt, dann steigert sich die Internetherde gelegentlich regelrecht in Hass-Orgien unvorstellbaren Ausmaßes hinein. Alle sind schuld an der eigenen Miesere und dem Unvermögen sich am eigenen Schopf herauszuziehen. Und so wird über Politiker genauso leidenschaftlich geschimpft wie über den Raubtierkapitalismus. Eine sozial ausgewogene höchstrichterliche Rechtsprechung wird zum Anlass genommen „Arbeit lohnt sich nicht!"-Parolen zu skandieren. Neueste Steuer-CDs aus der Schweiz sind der Beweis für eine Zweiklassen-Gesellschaft, in der jeder mit dem nötigen Kleingeld Steuerschlupflöcher sucht oder alternativ größeres Vermögen gleich in Niedrigsteuerländer transferiert. Es gibt immer jemanden, auf den man mit dem Finger zeigen kann. Gerne wird auch auf völlig außer Kontrolle geratene Finanzmärkte geschimpft und deren sich gegenseitig zerfleischende Akteure wie Hedgefonds, Private-Equity-Unternehmen, Banken, Ratingagenturen und dergleichen. Unabhängig davon welche Bank gerade mit neuen Skandalen aufwartet, sie wird mit Hohn und Spott überschüttet. Doch nicht jede Kritik ist kopf- und sinnlos. Maßlosigkeit und ein verlorengegangener Sinn für ethisches und verantwortungsbewusstes Handeln erschüttern zweifelsohne die Grundfesten der Wirtschaft und der Gesellschaft.

Doch ich beobachte mit großer Sorge wie sich zwischenmenschlicher Hass immer wieder in neuen zum Teil schrecklichen Handlungen widerspiegelt. Immer noch steckt uns allen das Entsetzen in den Gliedern, als herauskam, dass jahrelang ein Neonazi-Trio in Deutschland umherziehen konnte und wahllos griechische und türkische Kleinunternehmer ermordete, 9 an der Zahl. Zu allem Überfluss stellte sich heraus, dass Behörden wie der Verfassungsschutz lahmarschig agierten als rigorose Ermittlungsmaßnahmen hätten erfolgen sollen und täuschten, trieksten und tarnten als die ganze NSU-Mord-Serie aufflog. Bis heute wird nach den Gründen dieses völligen

---

[146] http://www.pi-news.net/

Versagens der Behörden in einem eigens hierfür eingerichteten Untersuchungsausschuss[147] gesucht. Ob die Wahrheit jemals ans Licht kommt, darf angezweifelt werden. Dabei wäre eine lückenlose Aufklärung der grauenvollen Mordserie conditio sine qua non, um verlorenes Ansehen im Ausland wiederzugewinnen.

Emotional mindestens genauso aufwühlend war der feige terroristische Anschlag auf eine Gruppe norwegischer Jugendlicher durch den Rassisten Anders Breivik. 77 Menschen ermordete der Geisteskranke vor knapp zwei Jahren, wofür er mittlerweile im Gefängnis einsitzt. Dabei ließ sich bei dem Täter ein unvorstellbarer Hass konstatieren. Breivik hinterließ ein perfides und zynisches Manifest, in dem er auf 1515 Seiten darlegte, weshalb Europa von allen Muslimen gesäubert werden müsse. Erschreckend kam hinzu, dass er in seinem Schriftwerk bisweilen berühmte politische Publizisten zitierte, bspw. Henryk M. Broder. Ranghohe Politiker, Denker und Intellektuelle haben Respekt vor dessen Einschätzungen zu Themen wie Integration, Status-Quo politischer Institutionen und dem Nahost-Konflikt.

2.12 Atlas der Vorurteile[148]

Ein wirklich spannendes Buch der besser gesagt Atlas wurde gestern von der Süddeutschen Zeitung beworben. Es handelt sich dabei um den Atlas der Vorurteile. Darin sind 80 Weltkarten abgedruckt. In die Länder und Gebiete hat der Autor und Zeichner Yanko Tsvetkov die Vorurteile aus der Sicht der jeweiligen Bevölkerungsethnie etc. eingetragen. Lustig. Hier eine Auswahl[149].

---

[147] http://de.wikipedia.org/wiki/NSU-Untersuchungsausschuss
[148] http://welt-im-wandel.net/2013/03/atlas-der-vorurteile/
[149] http://www.sueddeutsche.de/reise/satirische-weltkarten-garantiert-voller-vorurteile-1.1629342

2.13 Julian Assange - ein lupenreiner Antisemit?[150]

Die New York Times veröffentlichte am Samstag einen Artikel von Julian Assange[151].Mich wunderte dies, war ich doch der Meinung, dass der digitale Rebell von den traditionellen Medien des amerikanischen Establishments gemieden wird. Man möchte dem Staatsfeind Nr. 1 der USA nicht noch eine Plattform für seine Gedanken und Thesen bieten, nachdem dieser wie kaum ein anderer die Weltmacht mit seiner whistleblower-Plattform Wikileaks gedemütigt hat, dachte ich.

Doch weit gefehlt! Assange, der den Instanzenzug durch die britische Gerichtsbarkeit[152] verlor und seither in der ecuadorianischen Botschaft in London festsitzt, hat offensichtlich mächtige Freunde und Unterstützer.

Assange greift in dem NYT-Artikel erneut an. Wen wundert es auch. Er attackiert eines der US-amerikanischen Vorzeigeunternehmen: Google. Konkret wirft er dem Internet-Unternehmen einen technokratischen Imperialismus vor.

Viel interessanter finde ich aber die Überschrift, die Assange für seinen Artikel ausgewählt hat. "The Banality of 'Don't be Evil'" - "Don't be evil" ist bekantlich das klassische google-Motto. "The Banality of Evil" hingegen ist der wohl bekannteste Spruch von Hannah Arendt, einer deutsch-jüdischen Philosophin des 20. Jahrhunderts. Den Spruch prägte sie, als sie 1961 in Jerusalem den Prozess gegen Adolf Eichmann als Journalistin und Prozessbeobachterin verfolgte[153].Arendt war irritiert von dem biederen und technokratischen Auftritt Eichmanns. Einen blassen und schmächtigen Mann fand sie vor, der nun so gar nicht zum Bild eines psychopathischen und menschenverachtenden Massenmörders passte, der er als Architekt des Holocausts nun mal war. Heftig umstritten ist ihre These von der Banalität des Bösen als Beschreibung Eichmanns bis heute, insbesondere in jüdischen

---

[150] http://welt-im-wandel.net/2013/06/julian-assange-ein-lupenreiner-antisemit/
[151] http://www.nytimes.com/2013/06/02/opinion/sunday/the-banality-of-googles-dont-be-evil.html?_r=0
[152] http://welt-im-wandel.net/2012/02/cyber-terrorist-assange-gegen-schweden/
[153] http://de.wikipedia.org/wiki/Eichmann_in_Jerusalem

Kreisen, die eine Verharmlosung der Ereignisse im dritten Reich in Arendts Thesen sehen.

Wenn Assange nun diesen berühmten Spruch wählt um ein innovatives Technologieunternehmen zu beschreiben, dann weiß er genau was er tut. Er macht sich auf widerwärtige Weise über die Opfer der NS-Diktatur lustig und schießt komplett am Ziel vorbei, wenn es darum geht google als das zu beschreiben, was es ist: eine Suchmaschine, die mit ihren Produkten Geld verdienen möchte.

Mich wundert es vor diesem Hintergrund, dass die angesehene New York Times den Artikel publizierte.

Da fällt mir ein Satz der berühmten jüdisch-amerikanischen Comedienne Sarah Silverman ein: "I'm worried of Jews losing control about media!" - Das wird es wohl sein, scheinbar haben die Juden tatsächlich die Kontrolle über die Medien verloren. Assange muss sich den Vorwurf des Antisemitismus schon länger gefallen lassen[154].

Viel unkritischer sehe ich allerdings die Veröffentlichungen der whistleblower-Plattform im Hinblick auf die Diskussion um den seit Ewigkeiten nicht voran kommenden Friedensprozess im Nahen Osten. Mag sein, dass der Autor dieses Haaretz-Artikels recht hat[155] und westliche Regierungschefs tatsächlich überfordert sind, diesen komplexen Streit zu einer gütlichen Lösung zu führen. Ari Shavit spricht jedoch von Verlogenheit und philosophiert darüber, ob nun der Iran mit seinem Bestreben Atomwaffen bauen zu wollen oder doch eher Israel mit den Siedlungen Kern des stockenden Friedensprozesses ist. Als wäre es irgendetwas Neues, dass sich einerseits die Muslime untereinander (Schiiten gegen Sunniten) und die Juden andererseits im Nahen Osten nicht verstehen wollen oder können.

---

[154] http://www.juedische-allgemeine.de/article/view/id/9859
[155] http://www.haaretz.com/print-edition/opinion/wikileaks-exposed-the-true-mideast-conflict-1.328500

Wer weiß wie lange die Stockholmer Staatsanwaltschaft noch auf Assange warten muss. Erstmals äußerte sich eines der mutmaßlichen Opfer[156].Derweil hat der Prozess gegen den Geheimnisverräter Bradley Manning bereits begonnen[157].

To be continued.

2.14   1914 – Kettenreaktion mit brutalen Folgen[158]

Am 28.06. jährte sich zum 99. Mal ein wahrlich furchtbares Ereignis[159].In Sarajevo ermordete eine bosnische Studentenorganisation den österreichisch-habsburgischen Thronfolger. Eine lückenlose Aufklärung wurde seinerzeit von der Österreichischen Regierung gefordert, Bedingungen diktiert, wie die Gerichtsverhandlungen durchzuführen seien. Da nicht alles genauso wie man sich das in Wien gewünscht hat ablief, erklärte man Serbien kurzer Hand den Krieg. Aufgrund von Bündnisverpflichtungen erklärte auch das preußische Deutschland den Serben den Krieg, was eine Kettenreaktion an Kriegseintritten weiterer Länder, insb. Frankreichs und Russlands, nach sich zog.

Wegen einem zwar tragischen aber dennoch überschaubaren Ereignis brach letztlich der 1. Weltkrieg aus, an dessen Ende nicht nur eine gewaltige Materialschlacht stand, sondern auch Millionen Opfer. Weil das deutsche Heer unbesiegt war, über lange Zeiträume des Krieges gab es keine nennenswerten Gebietsgewinne, kam praktisch mit dem Ende des Krieges in Deutschland die Verschwörungstheorie, besser bekannt als sog. Dolchstoßlegende[160], auf, dass das deutsche Militär den Krieg gewonnen hätte, wenn nicht aus den eigenen Reihen politisch-motivierte Sabotage-Akte letztlich zu einer Kapitulation geführt hätten. Die Sozialdemokratie und das internationale

---

[156] http://www.rp-online.de/panorama/ausland/mutmassliches-assange-opfer-aeussert-sich-erstmals-1.3401905
[157] http://www.stern.de/panorama/wikileaks-informant-vor-us-gericht-zwischen-kriegsverbrecher-und-held-2020020.html
[158] http://welt-im-wandel.net/2013/07/1914-kettenreaktion-mit-brutalen-folgen/
[159] http://www.slate.com/blogs/moneybox/2013/06/28/don_t_blame_germany_for_world_war_i.html
[160] http://de.wikipedia.org/wiki/Dolchsto%C3%9Flegende

Judentum wurden später als Feinde destilliert. Harte Bedingungen durch den Versailler Vertrag[161], insb. Gebietsabtretungen, in Verbindung mit der Ende der 20er Jahre einsetzenden Weltwirtschaftskrise begünstigen eine auf Hass basierende politische Rhetorik und damit letztlich die Machtergreifung der Nazis unter der Führung Adolf Hitlers. Mit den bekannten schrecklichen Folgen.

Aus diesem Grund bezeichnen Historiker das politische Attentat in Sarajevo und den im Anschluss daran ausgebrochenen 1. Weltkrieg zu Recht als die Urkatastrophe des 20. Jahrhunderts[162].

2.15 Zwei Parteienblöcke reichen aus[163]

Ich bin der Meinung, dass wir in Deutschland mit zwei Parteien bestens bedient wären. Es würde vollkommen ausreichen, wenn es nur noch die Konservativen und die Sozialdemokraten/Linken gäbe.

Wie nervig ist doch bitte schön das Gejammere über das Ausscheiden der Liberalen in den Medien derzeit. Da lobe ich mir die US-amerikanische Parteienlandschaft. Wie wir alle wissen kommen die USA seit jeher mit zwei Parteienblöcken, den Demokraten und den Republikanern, aus. Und es funktioniert hervorragend.

Auch in den USA gibt es Liberale und Grüne. Jedoch arbeiten sie ausschließlich in der außerparlamentarischen Opposition. Ich sehe hierin keine Gefährdung der Demokratie, im Gegenteil. Die Diskussion um eine Absenkung der 5%-Hürde, damit mehr Parteien im Bundestag vertreten sind, finde ich jedenfalls albern. Eine Absenkung führt zu einer Zersplitterung des Parlaments. Israel ist hierfür ein gutes Beispiel. Dort gibt es lediglich eine 2%-Hürde. Die Folge ist, dass es nach jeder Wahl zahlreiche politische Gruppierungen in die Knesset schaffen und das Bilden einer Regierung sich in der Folge zu einer Herkulesaufgabe entwickelt. Ob sich die Israelis

---

[161] http://de.wikipedia.org/wiki/Friedensvertrag_von_Versailles
[162] http://de.wikipedia.org/wiki/Urkatastrophe_des_20._Jahrhunderts
[163] http://welt-im-wandel.net/2013/09/zwei-parteienblocke-reichen-aus/

mit dieser niedrigen Hürde einen Gefallen tun, wage ich zu bezweifeln. Die 5%-Hürde garantiert nämlich, dass ausschließlich Parteien im Parlament repräsentiert sind, die auch über ausreichend Rückhalt in der Bevölkerung verfügen.

Daher wäre es die beste Entwicklung, wenn es langfristig nur noch die SPD und die CDU/CSU gäbe. So gesehen drücke ich Christian Lindner und all den Gefolgsleuten nicht die Daumen hinsichtlich eines Comebacks der FDP. Eher würde ich mir wünschen, dass auch die Grünen über kurz oder lang aus den Parlamenten fliegen und sich nach erfolgtem Parteibeitritt die Grünen-Anhänger und die Liberalen in einer der beiden großen Volksparteien politisch engagieren und gegebenenfalls parlamentarisch einbinden.

Die Linke müsste in diesem von mir geschilderten Szenario mittelfristig mit der Sozialdemokratie fusionieren.

2.16 Knowledge about history can be delicate – Was JFK a Nazi?[164]

I'm sure that you won't believe me, when you hear what I'm telling you now. Knowledge about history can be dangerous. I will give you one example which will help me to convince you that I'm right.

In German newspapers in the middle of this year sections of JFK's diary were published. In the first moment nothing one should worry about. But there were nevertheless some tricky details which betrayed Kennedys opinion about Adolf Hitler. It's not that the later president of the USA was a fan of Hitler, but he found him sympathetically. The headline of "Die Welt" is a little bit more, let's say enthusiastic. "Die Welt", one of Germany's most important newspapers headlines that JFK thought about Hitler that "he was made out of that material, usually legends are made of".[165] Please use translation programmes or call a friend who speaks

---

[164] http://welt-im-wandel.net/2013/09/knowledge-about-history-can-be-delicate-was-jfk-a-nazi/
[165] http://www.welt.de/kultur/literarischewelt/article116484766/Hitler-war-aus-dem-Stoff-aus-dem-Legenden-sind.html

German to understand the article if you're curious now. Or take a look at these two links, here[166] and here.[167]

Now, the point is, thinking about JFK and the super opinion people still have in the states of JFK and the whole Kennedy-Clan you pretty sure understand, that my thesis about the delicateness of historical knowledge can be right. Think about the murderer of JFK, Lee Harvard Oswald, now. Was he a hero because he murdered someone who obviously was fascinated by Adolf Hitler? Where's the difference between the fascination of millions of Germans and JFK? If JFK would be German back then, would he be Nazi, too? Maybe JFK even would have made a career in the SS? Who knows? – Okay, I agree, that I'm provoking now.

I think it's time to come to the conclusion, that JFK was a politically naive person who hasn't overviewed all the facts of the tyrannical leadership of Adolf Hitler and the third Reich. We are all better informed today. Nevertheless it's a little bit disillusioning, I think. At least I look different at JFK's historical "Ick bin ein Berliner"-speech back in the Sixties.

But it was another time and I don't want to moralize too much. The States helped Germany after the disaster of the lost WWII. We know that there was the so called "Luftbrücke", planes flying to West Berlin for the purpose to deliver the people with stuff they could use, clothes, food etc. Today we know, that without the help of the United States of America Germany would look like a completely different country. I remember the Marshal Plan. Instead of looking for revenge because of all the afford, all the costs and all the victims of the WWII, the States gave Germany another chance. We know that this was probably the best choice that could have been made back then.

On the other hand, I now see the relationship between the USA and the Sowjet Republic in a different light. Sure, the communism is a wrong system, that's for sure.

---

[166] http://dailycaller.com/2013/05/24/jfks-secret-diary-fascism-right-thing-for-germany/
[167] http://www.newsmax.com/TheWire/jfk-diary-admiration-nazi/2013/05/24/id/506254

But, what I want to say is that, considering JFK's fascination of Adolf Hitler, maybe the former US-administration lacked in empathy towards the Sowjet Union. Perhaps it would be possible to prevent the terrible Cold War, if there would be more respect regarding the fact that it was the Sowjet Union who suffered the most in the war. There are estimates which show that the Sowjet Union had victims up to 30 million people during the WWII. I now understand that Stalin installed a buffer zone between the USSR and Germany after the brutal WWII. But because I'm not a historian I don't want to speculate about details of the US-USSR-relationship and the question whether the ColdWar could have been prevented. Fact is, and that's very important to know: The Sowjets used violence in the WWII. They killed also innocent people. They tortured even their own people. And they, and I won't ever forgive them this fact, installed a communist system in Eastern Europe that lasted almost 50 years giving a shit about the human rights like free speech and so on.

When we look at Russia today, the Russians still have problems to ensure democracy standards. They have a dramatic history, that's a fact, but that can't be used as a justification to abuse their power, for example to dictate energy prices, until the end of time. But that's the truth, the status quo and that's why Russia won't have a good reputation so quickly.

The conclusion of my article is: Knowledge about history is important. It is influencing todays politicians and their advisors. And it can be delicate or even dangerous if you draw the wrong conclusions.

Please note that I'm not able to answer the question whether JFK really found the Nazi-System tolerable, but my article is based on the book "The Kennedys at War".[168]

Take also a look at this article.[169]

---

[168] http://www.amazon.com/exec/obidos/ASIN/038550165X/qid=1020116284/sr=2-1/ref=sr_2_1/002-2968379-6010421?tag=vglnk-c945-20

2.17 Haben Sie noch das richtige Geschichtsbild?[170]

Der in Cambridge lehrende australische Historiker Christopher Clark[171] hat mit "Die Schlafwandler"[172] ein bemerkenswertes Buch über den 1. Weltkrieg geschrieben. Ich möchte diesbezüglich die folgende Passage des Artikels "Der Weg in die Urkatastrophe – Der Blick auf den ersten Weltkrieg ändert sich" von Stephan Löwenstein, erschienen in der heutigen (09.10.2013) FAZ, hier in diesem Blog vorstellen:

" Heute nehme man Dinge anders wahr als vor dreißig oder vierzig Jahren, sagte Clark. Er illustrierte das am Beispiel der "Selbstmordattentäter" von Sarajevo, die mit Zyankalikapseln und einem ausgeprägten Todeskult ausgestattet waren: In den achtziger Jahren waren sie noch als eine Ausgeburt einer fernen Zeit erschienen; heute sieht man sie aber mit Blick auf das Datum des 11. Septembers 2001. Ferner führten die Balkan-Kriege der neunziger Jahre, so Clark, die Spannungen auf dem Balkan wieder vor Augen."

Ich habe seit jeher den Eindruck, dass es sich bei den Balkan-Slawen um eher nervöse Zeitgenossen handelt. Dies ist jedoch lediglich meine persönliche Einschätzung. Was Clark aber mit seinem analogen Vergleich des Sarajevo-Attentats mit den 9/11-Anschlägen meinte ist, dass die damaligen Selbstmordattentäter Terroristen waren. Und wie man Terroristen behandelt demonstrieren die Amerikaner seit über 10 Jahren eindrucksvoll. Ergo reagierte Deutschland damals konsequent und richtig. Zumindest wenn man auch die Reaktion der Amerikaner für richtig hält.

"Für fruchtlos hält Clark dagegen die Schuldfrage. Wer mit diesem Erklärungsziel an die Sache herangehe, der habe Prämissen eingebaut, die auf das Ergebnis

---

[169] http://hnn.us/article/697
[170] http://welt-im-wandel.net/2013/10/haben-sie-noch-das-richtige-geschichtsbild/
[171] http://www.hist.cam.ac.uk/directory/cmc11@cam.ac.uk
[172] http://www.amazon.de/Die-Schlafwandler-Europa-Ersten-Weltkrieg/dp/3421043590/ref=sr_1_1?ie=UTF8&qid=1381338266&sr=8-1&keywords=die+schlafwandler

hinführten. Clark wendet sich gegen die These von einer deutschen Alleinschuld. Sie sei im Vertrag von Versailles durch die Siegermächte festgehalten, und seit den sechziger Jahren habe sie mit Blick auf Deutschlands angeblichen "Griff nach der Weltmacht" auch in der deutschen Historiographie vorgeherrscht."

Wirklich bemerkenswert in diesem Zusammenhang ist die Aussage des russischen Präsidenten Wladimir Putin, der Versailler Vertrag mit seinen knallharten Bedingungen sei schuld am 2. Weltkrieg gewesen.[173] Bemerkenswert deshalb, weil bekanntlich die Sowjet-Bolschewisten mit ihren weit über 20 Millionen Toten die quantitative Hauptlast des 2. Weltkriegs trugen.

Mit dem Mythos die Amerikaner hätten den 2. Weltkrieg gewonnen, naturgemäß insb. in den USA weit verbreitet, räumt derzeit auch Star-Regisseur Oliver Stone in seiner 10-teiligen Doku-Serie "The Untold History of the United States"[174] auf. Die Amerikaner griffen erst ein, als der Krieg praktisch schon entschieden war. Man denke nur an die wohl entscheidende Schlacht in Stalingrad[175] Anfang 1943. Der D-Day datiert im Vergleich dazu auf den 6.06.1944, also ca. eineinhalb Jahre später.[176]

Ein weiterer Mythos, der sich hartnäckig hält ist derjenige von der Tapferkeit der französischen Résistance während dem 2. Weltkrieg. In einem, im Zusammenhang mit den pompösen Feierlichkeiten, die in Frankreich nächstes Jahr im gesamten Land anlässlich des 100-jährigen Jubiläums stattfinden (warum man den Kriegsbeginn und nicht das Kriegsende feiert ist mir schleierhaft), stehenden, Zeitungsartikel hieß hierzu nur, dass dieser Mythos selbst in Frankreich mittlerweile bröckelt, angesichts der unzähligen Kollaborateure,[177] die es damals gab. Auch was das Zugestehen einer

---

[173] http://www.youtube.com/watch?v=EvsvItAWqZY
[174] http://www.amazon.de/Untold-History-United-States-Import/dp/B00C66D9FO/ref=sr_1_2?ie=UTF8&qid=1381339380&sr=8-2&keywords=the+untold+history+of+the+united+states
[175] http://de.wikipedia.org/wiki/Schlacht_von_Stalingrad
[176] http://de.wikipedia.org/wiki/D-Day
[177] http://www.bpb.de/internationales/europa/frankreich/152983/kollaboration-und-widerstand

Mitschuld am Holocaust anbelangt, ist man in Frankreich, so desillusionierend dies für die Franzosen auch sein mag, schon recht weit.[178]

Ich gehe davon aus, dass sich über kurz oder lang die Auffassung durchsetzen wird, dass der Holocaust, der effektivste Massenmord in der Geschichte der Menschheit, ein gesamteuropäisches (Un-)Werk war, an dem sich alle anderen Völker, insb. auch die Polen, beteiligten. Aber gerade in Polen, wo jeder zweite Jude seinerzeit lebte, tut man sich noch schwer mit diesem dunklen Kapital, wie man an den teilweise emotionalen Reaktionen zu dem Film "Unsere Mütter, unsere Väter" sieht. Zu gerne feiert man die eigenen Helden, die es gerade in Polen unbestritten zuhauf gab. Ich denke hier an die Liste der Gerechten unter den Völkern in Yad Vashem[179], in der Polen am häufigsten aufgezählt sind.

Meine Ausführungen ändern selbstverständlich nichts an der Hauptverantwortung der damaligen Deutschen für die Ereignisse im 2. Weltkrieg. Hauptverantwortung bedeutet aber nicht, dass andere keine Teilverantwortung tragen können. Im Gegenteil. Genau das wollte ich in diesem Artikel aufzeigen. Wichtig ist zudem, dass auch in Deutschland ein genaues Bild der historischen Fakten vermittelt wird. Effekt dieser Tatsachen-Vermittlung wird dann anschließend der Abbau der Mythen sein. Es ist für mich eindeutig, dass in den hauptsächlich von mir skizzierten Mythen von den tapferen Franzosen und Amerikanern eine Grundlage für die Wertschätzung dieser beiden Völker liegt. Mag der Effekt auch begrüßenswert sein, historische Fakten sprechen hier eine andere Sprache.

Ganz anders stellt sich die Lage gegenüber Russland und Polen dar. Vorurteile dominieren immer noch das Bild der östlichen Nachbarn. Meine Erklärung für diesen Umstand liegt im Kommunismus respektive dem Eisernen Vorhang, der bekanntlich fast ein halbes Jahrhundert lang diesen Kontinent spaltete, folglich auch den kulturellen Austausch verhinderte und damit der Geschichtsfälschung Vorschub

---

[178] http://www.france24.com/en/20120723-francois-hollande-france-role-holocaust-guilt-mitterrand-jews-second-world-war-nazis
[179] http://de.wikipedia.org/wiki/Gerechte_unter_den_V%C3%B6lkern

leistete. So gab es Jahrzehnte lang keine Chance, anti-polnischen und anti-russischen Vorurteilen durch Gespräche, Diskussionen, Veranstaltungen und dergleichen mehr zu begegnen und sie abzubauen. Nun gestaltet sich dieser Weg mühsam.

P.S.: In diesem Blog soll es vordergründig um aktuelle Ereignisse und ihre internationalen Auswirkungen gehen. Geschichtliche Ausführungen sollen Ausnahmen bleiben, sind jedoch meines Erachtens unerlässlich um gewisse Entwicklungen verstehen zu können.

3 Internationaler Wandel

3.1 Krieg in Libyen - Umbrüche in der arabischen Welt[180]

Muammar Gaddafi ist am Ende. Nachdem der Despot Libyen über Jahrzehnte mit eiserner Hand regierte scheint seine letzte Stunde gezählt. Der UN-Sicherheitsrat hat ein militärisches Einschreiten mit den Stimmen von Frankreich, Großbritannien, den USA und weiterer Länder beschlossen. Deutschland und die sog. BRIC-Staaten, also Brasilien, Russland, Indien und China enthielten sich. Nunmehr wird seit gestern mit Kampffliegern, Tomahawk-Raketen und weiteren zahlreichen Hilfsmitteln die Operation Odyssey Dawn[181] durchgeführt. US-Präsident Obama beteuerte, dass der zeitliche Horizont auf wenige Wochen bzw. Tage beschränkt sein soll. Führende Militärexperten bezweifeln dies jedoch. Wie lange der Diktator Gaddafi durchhalten wird, weiß niemand. Zu befürchten ist jedoch, dass die eigene Bevölkerung als menschlichen Schutzschild missbraucht wird und die Anhänger Gaddafis bis zum erbitterten Ende kämpfen werden.

Während dessen scheint sich die Lage in Tunesien und Ägypten vorläufig positiv zu entwickeln. Zwar verlaufen vorparlamentarische Wahlen noch sehr chaotisch deuten aber schon auf einen demokratischen Werdegang hin.

Inwiefern sich die gesamte arabische Welt verändern wird muss abgewartet werden. Unruhen in weiteren Ländern wie Jemen, Bahrain und Saudi-Arabien versprechen zunächst nichts Gutes. Eine nachhaltige Demokratisierung der arabischen Welt wäre für die unterdrückte Bevölkerung wünschenswert. Inwiefern die angespannte Situation ölexportierender Länder zu einem dauerhaften Anstieg des Öl-Preises führt ist jedoch ungewiss.

---

[180] http://welt-im-wandel.net/2011/03/krieg-in-lybien-umbruche-in-der-arabischen-welt/
[181] http://www.spiegel.de/politik/ausland/operation-odyssey-dawn-krieg-ohne-strategie-a-752038.html

3.2 2011 – Das Jahr des Protestes – Teil 2

Arabien

Bereits Anfang des Jahres kam es in einem immer wieder im Fokus der medialen Aufmerksamkeit stehenden Erdteil zu massiven Protesten gegen die herrschende Klasse. Die Völker der arabischen Länder gingen auf die Barrikaden und demonstrierten vehement gegen die zum Teil brutalen Diktaturen. Der ägyptische Staatspräsident Mubarak[182] ist von der Bildfläche verschwunden genauso wie gerade erst kürzlich der lybische Rebellenführer Gaddafi.[183] Inwiefern sich in den arabischen Ländern eine Demokratie nach westlichem Vorbild etablieren wird und ob und wie sich das kapitalistische Wirtschaftssystem, das sich gerade selbst in schwierigem Fahrwasser befindet, dort durchsetzen wird, ist auf jeden Fall zweifelhaft. Den alten Herrschern muss man jedenfalls keine Träne nachweinen.

Occupy-Bewegung

Seit einigen Wochen sammeln sich, vorzugsweise an den Börsenplätzen dieser Welt, die Kritiker der Finanzmärkte und protestieren gegen die exzessiven Machenschaften der Finanzelite. Die Occupy-Bewegung[184] hat das Medieninteresse geweckt und erinnert stark an die Globalisierungsgegner Attac.[185] Unklar ist derzeit allerdings noch welche Ziele genau die Aktivisten verfolgen und inwiefern die Mächtigen ihren Worten auch Taten folgen lassen werden.[186] Allenfalls wage ist nämlich der Ruf der Protestler nach einer besseren Welt.

---

[182] http://www.welt.de/politik/ausland/article12506341/Aegyptens-Praesident-Mubarak-tritt-zurueck.html
[183] http://nachrichten.t-online.de/gaddafi-libyens-ex-diktator-durch-kopfschuss-getoetet/id_50857838/index
[184] http://www.querschuesse.de/occupy-wall-street-und-was-dann-%E2%80%93-was-wird-aus-der-marktwirtschaft/
[185] http://de.wikipedia.org/wiki/Attac
[186] http://www.weeklystandard.com/blogs/obama-occupy-wall-street-we-are-their-side_598251.html

In diesem Jahr kann also schon Ende Oktober festgehalten werden, dass die Welt sich im Umbruch befindet und die Menschen gegen Korruption, Ausbeutung und Ungleichheit aufbegehren. Die verbleibenden zwei Monate werden mit Sicherheit ebenfalls nicht ohne Schlagzeilen bleiben.

3.3 2011 – das Jahr des Protestes – Teil 3[187]

Jetzt brodelt es auch in Russland, wo die brutale Diktatur Putins die Menschen zur Weißglut bringt und die manipulierte Parlamentswahl die Menschen auf die Straße bringt.[188] Erst vor kurzem schrieb ich an dieser Stelle wo sonst auf dieser Welt die Menschen gegen Ungleichheit, Unterdrückung und Maßlosigkeit revoltieren.[189] Es scheint sich zu bestätigen, dass die Menschen unabhängig von ihrer ethnischen Herkunft, Religion, Hautfarbe, Geschlecht etc. ein Leben in Unfreiheit auf Dauer nicht hinnehmen möchten und über kurz oder lang dagegen aufbegehren. Wie nervös auch die Staatsführung in China ist, kann man in unserer Presse schon seit Längerem verfolgen, in der immer wieder über die dortige Internetzensur berichtet wird, z.B. hier,[190] hier[191] und hier.[192]

Kaum vorstellbar, dass das nächste Jahr ruhiger werden wird, auch wenn ich selbst natürlich keine Glaskugel zu Hause stehen habe.

3.4 In China essen sie Hunde![193]

Noch vor wenigen Tagen habe ich es in diesem Blog geschrieben und schon heute wurde es Realität: In China protestieren die Menschen. Ein ganzes Dorf mit seinen

---

[187] http://welt-im-wandel.net/2011/10/2011-das-jahr-des-protestes/
[188] http://www.tagesschau.de/ausland/demonstrationenrussland114.html
[189] http://welt-im-wandel.net/2011/12/2011-das-jahr-des-protestes-2/
[190] http://www.zeit.de/politik/ausland/2010-12/china-skype-verbot
[191] http://winfuture.de/news,53983.html
[192] http://www.sueddeutsche.de/digital/internetzensur-in-china-googeln-verboten-1.95848
[193] http://welt-im-wandel.net/2011/12/in-china-essen-sie-hunde/

20.000 Einwohnern geht auf die Straße.[194] Sie proben den Aufstand, weil sie ihre Löhne einfordern und gegen die korrupte Staatsmacht demonstrieren wollen, die kommunales Eigentum an windige Immobilienfirmen verscherbelt. Die Behörden haben die Kontrolle über die Lage verloren. Mahlzeiten werden knapp.

Viele weitere Fälle sozialer Unruhen ereignen sich in dem gelben Riesenland, das vor Spannung zu bersten droht. Wo die Wirtschaft seit Jahren von einem Rekord zum nächsten eilt, viele westliche Staaten und deren Konzerne Geschäfte und Profite machen, da werden Forderungen der einheimischen Bevölkerung nach Partizipation an dem Aufschwung und dem damit einhergehenden Wohlstand laut. Doch es gibt unzählige Baustellen: das Eigentum wird nicht ausreichend gewährleistet, erst vor wenigen Jahren gab es eine Reform, die es den Chinesen überhaupt möglich machte, ihr Eigentum besser vor Willkür zu schützen.[195]

Menschenrechtsverletzungen sind in China gang und gäbe, laut Amnesty International verhängt alleine die chinesische Volksrepublik so viele Todesstrafen, wie der ganze Rest der Welt. Ein einsamer Spitzenrekord und der absolute Wahnsinn.[196] Auch wenn dieser Link schon etwas älter ist, wer sich für dieses Thema interessiert wird auf den Seiten von Amnesty International [197] fündig. Das Land hat seinen Wohlstand zwei Phänomenen zu verdanken, die typisch sind für das 21. Jahrhundert: Völkerwanderungen, in China im Besonderen durch Millionen Wanderarbeiter gekennzeichnet, und der Globalisierung, der das rote Reich einen großen Teil seines neuen Vermögens zu verdanken hat. Spannungen und soziale Unruhen entstehen nun, weil arm auf reich trifft und die sichtbaren Wohlstandsunterschiede mit Hilfe der Mund-zu-Mund-Propaganda bis in das letzte Dorf Chinas getragen werden.

---

[194] http://www.tagesschau.de/multimedia/audio/audio80056.html
[195] http://www.faz.net/aktuell/politik/ausland/neues-gesetz-chinas-volkskongress-billigt-eigentumsrecht-1411326.html
[196] http://www.spiegel.de/politik/ausland/amnesty-international-hinrichtungsrekord-in-china-a-349714.html
[197] http://www.spiegel.de/politik/ausland/amnesty-international-hinrichtungsrekord-in-china-a-349714.html

Über 100 Mrd. US-$ wurden alleine dieses Jahr bereits aus dem Ausland in China investiert.[198] Von solchen Konjunkturprogrammen wagt so manch ein westlicher Politiker gar nicht zu träumen. Das zeigt sich natürlich in beeindruckenden Wachstumszahlen und in einem wachsenden Selbstbewusstsein. Dabei gibt es wie oben beschrieben unglaublich viele Missstände. Leider konzentrieren sich unsere Medien viel zu sehr auf die positiven, die wirtschaftlichen Meldungen aus China. Es wird kein oder nur ein zu vernachlässigender Druck gegenüber dem großen Land in der Mitte aufgebaut. Es wird viel zu unkritisch und eingeschüchtert von den vermeintlich so großen Problemen in unseren Landen, USA und Europa, berichtet. Ausschließlich Positives wird in den Vordergrund gestellt.

Ganz anders sieht die Berichterstattung zu unseren Gefilden aus: Viele Schreckensszenarien um Währungsturbulenzen und Rezessionen geistern durch unsere Medien, ständig wird Angst geschürt. Ich frage mich warum das so ist und finde nur eine unzureichende Erklärung in dem Wandel, den die gesamte Medienlandschaft selbst durch das Internet erfahren muss. Wahrscheinlich sind es wegbrechende Einnahmen aus der Werbeindustrie, die den Verlagshäusern und den Radio- und Fernsehsendern zu schaffen machen und sie mithin immer wieder auf's Neue veranlassen, Hiobsbotschaften zu verbreiten. Schlechte Nachrichten haben sich schon immer gut verkauft heißt es meist ganz lapidar dazu. Das wird es wohl sein. Wenn es dem Nachbar schlechter geht als mir, dann bin ich zufrieden. Dasselbe Prinzip setzt wohl auch ein, wenn es um Menschen geht, die wir nicht persönlich kennen, Unternehmen aus anderen Regionen, anderen Staaten.

In dieses Bild passen die Meldungen aus China nicht hinein. Dort blühen die Landschaften, dort fließt Milch und Honig. Was für ein Quatsch, liebe Medien, mehr kritische Berichterstattung zu China ist erwünscht. Das ständige Verrücktmachen der eigenen Bevölkerung stößt mir persönlich sauer auf. Ein Bsp. ist die seit Jahren zu

---

[198] http://www.finanzen.net/nachricht/aktien/China-Auslaendische-Direktinvestitionen-legen-zu-1521882

verfolgende Diskussion um einen schwachen € und einen schwachen US-$.Lächerlich. Wo sind denn die Alternativen? Soll der Welthandel in Zukunft in Rubel berechnet werden, in türkischen Lira womöglich. Oder in chinesischen Yuan? Letzterer ist an den US-$ gekoppelt, was von der amerikanischen Regierung seit Jahren kritisiert wird. Fazit: Es gibt zum US-$ und zum € keinerlei brauchbare Alternative, so einfach ist das. All die Meldungen der letzten Jahre sind Kokolores.[199] Ausufernde Staatsschulden in Griechenland haben überhaupt keine Bedeutung in unserer Welt, auf den Punkt gebracht interessiert das Land an Europas Peripherie niemanden wirklich.

Viele Nachrichten in den heutigen Medien sind wenig bis gar nichts wert. Sie stehen isoliert im Raum, herausgerissen aus dem Gesamtkontext einer eng verwobenen und globalisierten Welt haben sie einen Mehrwert von wenigen Stunden, höchstens bis zur nächsten Meldung und stellen so oder so ohnehin nur die Einzelmeinung eines Journalisten oder Redakteurs dar. Heute habe ich zur Abwechslung vielleicht etwas philosophischer geschrieben als sonst, allerdings brennen mir einige Themen einfach unter den Fingernägeln. Trotz oder gerade wegen den Turbulenzen: Immer entspannt bleiben und den Tag genießen!
Mein Fazit lässt sich in drei Kernpunkten zusammenfassen:

1. China ist zwar wirtschaftlich stark muss aber mit massiven Umbrüchen in seiner Gesellschaft rechnen. Nicht anders sieht es die Regierung in Peking und zensiert das Internet.
2. Die Medien berichten heimatbezogen zu negativ und China betreffend zu positiv.
3. Die €/$-Krise ist in der von den Medien dargestellten, nämlich dramatisierenden Form, nicht existent.

Bis zum nächsten Mal! Matthäus

---

[199] http://www.gfds.de/index.php?id=81

3.5 Bürgerkrieg in Syrien[200]

Baschir al-Assad steht mit dem Rücken zur Wand. Immer neue erschütternde Videos[201] und Berichte[202] aus Syrien zeigen ein Land in bürgerkriegsähnlichen Verhältnissen. Der Diktator zeigt sich wie von einem Diktator nicht anders zu erwarten ist von seiner ganz brutalen Seite und setzt Militärs und Schlägertrupps ein um die Bevölkerung einzuschüchtern und die Rebellen und Oppositionelle niederzuschlagen. Mit bitterbösem Humor versuchen diese nun hierauf zu antworten.[203]

Währenddessen scheiterte der Versuch Sanktionen der Staatengemeinschaften in der UN am Veto der beiden Großmächte Russland und China. Alles andere wäre auch eine zu große Überraschung. Und so bleibt es bei den bisher verhängten Sanktionen durch die EU[204] und die Arabische Liga[205] die diese in letzter Zeit noch einmal verschärften. Die USA schließen derweil ihre Botschaft in Damaskus.[206]

Ob diese Maßnahmen ihre Früchte tragen werden bleibt mehr als fraglich. Gerade Diktatoren haben immer ein sehr loyales Umfeld und Netzwerk und darüber hinaus auch die notwendige Geduld und Zeit um eine internationale Isolation auszuhalten. Einen Automatismus bei dem militärischen Eingreifen der NATO und der USA wird es auch nicht geben. Zu viele Einsätze gerade im Nahen Osten haben in den letzten Jahren Geld und Energie gekostet. Auch der renommierte Nahost-Experte Peter

---

[200] http://welt-im-wandel.net/2012/02/burgerkrieg-in-syrien/
[201] http://www.focus.de/politik/videos/homs-unter-granatenbeschuss-schockierende-videos-zeigen-graeuel-in-syrien_vid_29583.html
[202] http://www.rp-online.de/politik/ausland/buergerkrieg-weitet-sich-aus-1.2679651
[203] http://mediathek.daserste.de/sendungen_a-z/431902_ttt-titel-thesen-temperamente/9333568_die-syrische-gruppe-mahakom-und-ihre
[204] http://www.focus.de/politik/weitere-meldungen/syrien-sanktionen-eu-aussenminister-beschliessen-weitere-sanktionen_aid_705796.html
[205] http://www.zeit.de/politik/ausland/2011-12/eu-syrien-sanktionen
[206] http://www.stern.de/politik/ausland/buergerkrieg-in-syrien-usa-schliessen-botschaft-in-damaskus-1782775.html

Scholl-Latour[207] sieht derzeit keine Grundlage für ein militärisches Eingreifen und empfiehlt, so kann man das Interview interpretieren, dem Westen derzeit die Beobachterrolle.[208]

Ich beobachte das Geschehen in Arabien schon seit dem Ausbruch der arabischen Revolution Anfang des letzten Jahres. Es fing in Tunesien an, wo die junge Bevölkerung sich mithilfe von facebook und twitter organisierte und auf die Straße ging. Schnelle Erfolge stellten sich ein. Diktatoren wurden gestürzt, so in Ägypten und in Lybien. Nun befindet sich Syrien vor dem Hintergrund eskalierender Gewalt im Fokus der Medien. Aus meiner Sicht hat der arabische Raum eine weiterhin schwere Zeit vor sich. Es gibt viel Unruhe, die zum Teil auch durch die Veröffentlichung der amerikanischen Depeschen [209] ausgelöst wurde, als viele Machenschaften der Diktatoren ans Licht kamen was die Nervosität innerhalb der alten Machteliten nachvollziehbar macht.

Grundsätzlich ist es den arabischen Völkern zu wünschen, ein Leben in Freiheit und im Wohlstand zu führen, so wie wir im Westen es seit Langem gewohnt sind. Leicht, das zeigen die Fußball-Krawallen in Ägypten[210], ist der Weg aber mit Sicherheit nicht. Es könnten noch etliche weitere unruhige Jahre im Nahen Osten folgen. Viel zu lange dauerten die bleiernen Jahre der wirtschaftlichen Stagnation in den Diktaturen. Niemand hat Erfahrung mit der Demokratie. Trotzdem: Davon mal abgesehen überraschen die Vorkommnisse doch ganz allgemein gesprochen. Positiv muss festgehalten werden, dass es zu den Aufständen kam, wurde uns hier im Westen doch immer eingeredet, dass die muslimischen Völker eher freiheitsavers orientiert sind bzw. waren. Das Gegenteil wurde nun bewiesen. Nun wartet jede Menge Arbeit auf die hiesigen Nahost-Experten und Militärstrategen. Es wird nicht leicht bei all den

---

[207] http://de.wikipedia.org/wiki/Peter_Scholl-Latour
[208] http://www.pnp.de/nachrichten/heute_in_ihrer_tageszeitung/politik/332371_Den-Sicherheitsrat-kann-man-vergessen.html
[209] http://www.spiegel.de/thema/botschaftsberichte_2010/
[210] http://tagesschau.de/ausland/fussballaegypten102.html

vielen unterschiedlichen ethnischen Gruppierungen einen friedlichen Weg zu gehen. Zu wünschen wäre es den Muslims, ob es ihnen gelingt liegt in erster Linie natürlich in deren Händen.

3.6 Cyber-Terrorist Assange gegen Schweden[211]

In diesen Tagen gab es vor dem Supreme Court in London[212] eine Anhörung im Fall Assange gegen Schweden. In der Anhörung ging es um die Frage einer Auslieferung des durch zahlreiche hoch umstrittene Veröffentlichungen geheimer amerikanischer Militärdokumente auf der Enthüllungsplattform Wikileaks[213] bekannt gewordenen Julian Assange an Schweden. Vorgeworfen wird ihm dort die Vergewaltigung zweier Frauen.[214] Assange wehrt sich mit Händen und Füßen gegen die Auslieferung, weil er befürchtet, dass die Schweden ihn wiederum wegen den Veröffentlichungen der Militärdokumente an die Vereinigten Staaten ausliefern könnten. Zwei vorinstanzliche britische Gerichte haben sich bereits für eine Auslieferung des Transparenz-Gurus an Schweden ausgesprochen.

Seit einer Justizreform im Vereinigten Königreich sind bei Verhandlungen und Anhörungen vor dem britischen Supreme Court, dem höchstinstanzlichen Gericht im Vereinigten Königreich, Videomitschnitte erlaubt.[215] So konnte man sich auch die Anhörung im Fall Assange live im Internet angucken. Wer sich für diesen Fall interessiert, der kann sich auf youtube die Argumentation der Anwältin von Assange und auch der Gegenseite noch einmal ansehen.

Der Fall ist von äußerst hoher Brisanz, weil der wikileaks-Gründer Assange streng geheime Unterlagen des amerikanischen Militärs zu den Irak- und Afghanistan-

---

[211] http://welt-im-wandel.net/2012/02/cyber-terrorist-assange-gegen-schweden/
[212] http://www.supremecourt.gov.uk/
[213] http://wikileaks.org/
[214] http://www.welt.de/politik/ausland/article11454349/Vergewaltigung-auf-Schwedisch-Der-Fall-Assange.html
[215] http://news.sky.com/info/supreme-court

Kriegen veröffentlichte. Zu guter Letzt gelang er auch in den Besitz ebenfalls geheimer Dokumente des amerikanischen Diplomatennetzwerkes, die ihm der in den USA inhaftierte US-Soldat und Whistleblower Bradley Manning[216] zuspielte. In Deutschland sind die Botschaftsdepeschen auf der Internetseite des Nachrichtenmagazins "Der Spiegel" veröffentlicht. [217] Viele streng vertrauliche Einschätzungen ranghoher US-Diplomaten zu den jeweiligen Staaten und deren politischer Klasse wurden dadurch publik. Auch Missstände in den diktatorisch geprägten Ländern des arabischen Raumes wurden so aufgedeckt. Assange, Vertreter der totalen Transparenz, erreichte sein Ziel.

Kritiker, zu denen auch ich zähle, werfen ihm vor, dass er die ohnehin fragile Situation im Nahen Osten durch die Veröffentlichung der unzähligen Dokumente noch zusätzlich verschärfte und so mitursächlich den Nährboden für die im letzten Jahr ausgebrochene schwer kontrollierbare arabische Revolution schaffte oder sich zumindest nicht um die Folgen scherte. So konnte es dazu kommen, dass Arabien explodierte. - Möge Allah den muslimischen Völkern beistehen.

Meine Buchempfehlung zu dem Thema ist der Spiegel-Bestseller: "Staatsfeind Wikileaks: Wie eine Gruppe von Netzaktivisten die mächtigsten Nationen der Welt herausfordert."[218]

3.7 Cyberkriminalität - die digitale Gewalt[219]

Eine neue Form der Gewalt scheint in immer häufigerer Form in Erscheinung zu treten. Es handelt sich hierbei um digitale Angriffe auf Internet-Seiten und

---

[216] http://de.wikipedia.org/wiki/Bradley_Manning
[217] http://www.spiegel.de/thema/botschaftsberichte_2010/
[218] http://www.amazon.de/Staatsfeind-WikiLeaks-Netzaktivisten-herausfordert-SPIEGEL-Buch/dp/3421045186/ref=sr_1_1?ie=UTF8&qid=1328964497&sr=8-1
[219] http://welt-im-wandel.net/2012/03/cyberkriminalitat-die-digitale-gewalt/

Datenbanken von Unternehmen und Behörden durch Internet-Kriminelle, sog. Hacker[220].

Ohne Frage hat das Internet seine guten Seiten. Hierzu gehören:

1. die Internet-Präsenz der Nachrichten- und Fernsehsender
2. Online-Enzyklopädien wie bspw. Wikipedia
3. die individuell eingerichteten Seiten von Privaten und Firmen
4. Online-Reisebüros und Seiten auf denen zum Beispiel Flüge und Hotels miteinander verglichen werden können
5. Online-Händler und Auktionshäuser, prominenteste Beispiele hierfür sind die Seiten von Amazon und ebay.
6. Foren und Blogs zu Spezialthemen, bspw. zum Thema Finanzen oder IT-Seiten
7. Software zur Abwicklung des Online-Bankings
8. der e-mail-Verkehr
9. Kommunikationsplattformen, sog. Social-Media-Netzwerke, wie facebook, Xing und dergleichen
usw.

Diese Vorzüge des world-wide-web genießen immer mehr Menschen. Die Zahl der Internetzugänge hat in den letzten Jahren immer stärker zugenommen. Einer Studie von Price Waterhouse Coopers zufolge werden die Gesamtumsätze allein mit Internetzugängen auf über 400 Mrd. US-$ steigen [221] (unter "Die Trends und Prognosen für die einzelnen Segmente im Überblick"). Auch die Zahl der online gestellten Seiten hat enorm zugenommen. Nicht zuletzt nahm der Austausch der Menschen untereinander und über Landesgrenzen hinweg zu, kennt das Internet doch keine geographischen Hürden. Das Internet veränderte unser aller Leben und tut es immer noch.

---

[220] http://de.wikipedia.org/wiki/Hacker_%28Computersicherheit%29
[221] http://www.pwc.de/de/technologie-medien-und-telekommunikation/global-outlook-2011.jhtml

Doch wie bei jeder neuen Technologie, so auch bei der relativ neuen Technologie "Internet" ist auch ein Missbrauch festzustellen. Menschen mit krimineller Energie nutzen das Internet um ihre dubiosen Machenschaften zu organisieren genauso wie geistig degenerierte Gestalten es nutzen um ihren Phantasien freien Lauf zu lassen. So hat das Internet auch dazu geführt, dass der Handel mit Videos kinderpornografischen Inhaltes leichter von statten geht. Auch linksextremes und rechtsextremes Gedankengut findet sich auf unzähligen Internetseiten.

Diesem Missbrauch lässt sich nur schwer Einhalt gebieten. Zu "groß" ist das digitale Netz und zu viele Seiten werden Tag ein Tag aus neu ins Netz gestellt. Es ist unmöglich geworden das Internet sauber zu halten und so liegt es am Einzelnen wie man das Internet nutzt. Hier ist ein gesundes Verhältnis aus Vertrauen und Misstrauen gefragt. Und zwar sowohl von dem Einzelnen als auch den Unternehmen und staatlicherseits, denn die Gefahren sind allgegenwärtig:

- beim Individuum: Cyber-Mobbing[222] auf Netzwerken (Bsp.: Kinder in Schulen)
- bei Unternehmen: Bashing und Datenbanken-Hacking (Bsp.: Phishing [223], Datendiebstahl etc.)
- bei der Präsenz staatlicher Seiten: ebenfalls Datenbank-Hacking und das Lahmlegen der ganzen Seite (IT-Hacker wie bspw. Anonymous[224])

In allen drei Sphären privater und öffentlicher Nutzung des Internets kommt es ständig zu Angriffen, wie in der Presse zu lesen ist, daher verzichte ich an dieser Stelle mit den entsprechenden Verlinkungen auf Einzelfälle aufmerksam zu machen. Wer sich näher dafür interessiert, der kann mithilfe von google weitersuchen.

Fazit: Das Internet schuf eine Reihe neuer Möglichkeiten miteinander in Kontakt zu treten oder miteinander zu wirtschaften. Aufgrund der immer stärker zunehmenden

---

[222] http://de.wikipedia.org/wiki/Cyber-Mobbing
[223] http://de.wikipedia.org/wiki/Phishing
[224] http://de.wikipedia.org/wiki/Anonymous_%28Kollektiv%29

Cyberkriminalität wurde jedoch auch ein ganz neuer Zweig in der IT-Technologie geschaffen, nämlich der Bereich digitaler Sicherheitssoftware. (Antiviren, Passwortschutz etc.)

3.9 Machtwechsel in China - Korruptions-Skandal setzt KP unter Druck[225]

Letztes Jahr habe ich hier im Blog einen Artikel über China[226] geschrieben, den ich nunmehr ein knappes Jahr später ein wenig ergänzen möchte.

Wie die New York Times neulich berichtete, hat sich die Familie des scheidenden Premierministers Wen Jiabao während dessen Amtszeit enorm bereichert. Von einem Betrag in Höhe von 2,7 Mrd. US-$ ist gar die Rede.[227]

Das ist nichts Ungewöhnliches für Diktaturen. Auch der Gaddafi-Clan hat sich bis zum Umsturz enorm bereichert und ein Milliarden-Vermögen aus dem Öl-Geschäft angehäuft.[228]

Wie verängstigt die Kommunistische Partei ist, zeigen die vielen Berichte zu den Zensurmaßnahmen der chinesischen Führung.

Hier ein Artikel, der auf die Zensur von google eingeht.[229]

Selbstverständlich wurde auch die Website der New York Times nach ihrem Bericht zu dem gigantischen Vermögen Wen Jiabaos zensiert. Die Nachrichten-Agentur Bloomberg ist schon vor Längerem vom Netz genommen worden.[230]

---

[225] http://welt-im-wandel.net/2012/11/machtwechsel-in-china-korruptions-skandal-setzt-kp-unter-druck/
[226] http://welt-im-wandel.net/wp-admin/post.php?post=32&action=edit
[227] http://www.nytimes.com/2012/10/26/business/global/family-of-wen-jiabao-holds-a-hidden-fortune-in-china.html?pagewanted=all&_r=0
[228] http://www.wiwo.de/politik/ausland/herrscherfamilie-der-gaddafi-clan-und-die-oel-milliarden/5210128.html
[229] http://www.focus.de/politik/ausland/gmail-und-google-maps-weitgehend-geblockt-china-sperrt-alle-google-dienste_aid_857643.html

Reporter ohne Grenzen fordert angesichts solcher Nachrichten denn auch, dass sich europäische Politiker mit mahnenden Worten an die Volksrepublik wenden und zu mehr Pressefreiheit aufrufen.[231]

Aber auch Amnesty International berichtet im Vorfeld des Machtwechsels in China ausführlich über das gelbe Riesenreich. Und gibt wenig Hoffnung, dass sich an den schwierigen Verhältnissen alsbald etwas ändern wird.[232]

Insofern ist es schwer einzuschätzen, wie viel der Aufruf zu politischen Reformen des aktuellen Präsidenten Hu Jintao wert ist.[233] Bislang folgten solchen Worten nur wenige Taten. Verbesserungen wie der vor Jahren eingeführte Schutz von Privateigentum, kommen nur zögerlich und zeigen, dass die KP bei den Reformen auch weiterhin die Zügel in den Händen halten möchte.

3.10 Das Schwarze Gold & Co.[234]

Seit Jahren werden weltweit ständig neue Erdöl-, Erdgas- und Schiefergasvorkommen entdeckt oder aber dank immer raffinierterer Fördertechnologien bereits bekannte Vorkommen ausgebeutet.

Ob in den USA (inkl. Alaska), Israel, Polen, am Nordpol oder vor der brasilianischen Küste. Die folgende Presseschau soll hierüber einen kleinen Überblick geben:

USA:

Erdöl[235]

Erdöl in Alaska[236]

---

[230] http://blog.handelsblatt.com/boom-blog/2012/10/26/chinas-irrer-zensurwahn-im-fall-wen/
[231] http://www.reporter-ohne-grenzen.de/presse/pressemitteilungen/meldung-im-detail/artikel/europaeische-regierungen-muessen-vor-parteitag-pressefreiheit-einfordern/
[232] http://amnesty.org/en/news/china-crackdown-escalates-ahead-leadership-change-2012-11-02
[233] http://www.faz.net/aktuell/politik/ausland/kp-parteitag-in-china-hu-ruft-zu-kampf-gegen-korruption-auf-11954070.html
[234] http://welt-im-wandel.net/2012/11/das-schwarze-gold-co/
[235] http://www.zeit.de/wirtschaft/2012-11/usa-erdoel-iae

Schiefergas[237]

Israel:
Erdöl+Schiefergas[238]

Hier ein weiterer Artikel[239]

Polen:
Schiefergas[240]

Nordpol:
Erdöl und Erdgas in der Arktis[241]

Dabei fällt auf, dass, bezogen auf die Größe der Vorkommen und die Möglichkeit diese langfristig auszubeuten, ein Nachrichten-Artikel positiver ist als der Nächste.

Wir werden sehen, wie sich das tatsächlich auch auf die Preise umschlagen wird. Auffällig ist jedoch, dass sich der Spread, also der Preisunterschied, zwischen der Ölsorte WTI (Nordamerika) und Brent (Nordseesorte) seit über zwei Jahren doch deutlich ausgeweitet hat und dass das Fass WTI nunmehr regelmäßig 10-20 US-$ günstiger notiert als das Fass Brent-Öl. Jahrelang schwankten die Preisunterschiede für beide Sorten um die Nulllinie, mal war WTI teurer, dann wiederum Brent. Einen Erklärungsansatz für diesen ungewöhnlich hohen Spread versucht der Commodity-Analyst Dr. Schallenberger von der Landesbank Baden-Württemberg zu liefern, der

---

[236] http://www.focus.de/politik/ausland/usa/energiekrise-obama-will-oelbohrungen-vor-alaska-ermoeglichen_aid_627271.html
[237] http://www.nzz.ch/aktuell/wirtschaft/wirtschaftsnachrichten/schiefergas-bringt-den-usa-die-energiewende-1.17293586
[238] http://www.godmode-trader.de/nachricht/Israel-wird-das-Saudi-Arabien-von-morgen-Brent-Crude-Rohoel-WTI-Oel-IDT-US4489475073,a2516673.html
[239] http://www.ft.com/cms/s/2/1dbda574-f16d-11e1-a553-00144feabdc0.html#axzz2C7UgDZao
[240] http://www.spiegel.de/wirtschaft/energie-gewinnung-in-polen-das-schmutzige-gas-a-813162.html
[241] http://www.handelsblatt.com/technologie/energie-umwelt/energie-technik/vorratskammer-arktis-russland-will-oel-und-gas-aus-dem-ewigen-eis/3545160.html

in den reichen Vorkommen der USA zumindest einen Mit-Grund für den niedrigeren Preis sieht.[242]

Zwei Dinge dürften sicher sein: Die Rohstoffsicherheit wird den Energiekonzernen auf Jahre hinaus Milliardenumsätze und Gewinne bescheren. Neue und zusätzliche Umweltprobleme werden leider auftauchen.

Zum Schluss ein interessantes Interview mit dem Chefökonomen der IEA, Fatih Barol, in dem er auf die neue Energiesituation insbesondere der USA eingeht.[243]

3.11 Leseempfehlung: Chinas Christen[244]

Heute erschien im Spiegel ein interessanter Artikel über Chinas Christen.[245] Wie wir alle spätestens seit dem Fall des Eisernen Vorhangs wissen, haben Kommunisten eine enorme Angst vor Christen, wie ganz allgemein vor jedem kritischen Bürger, der nicht an die Partei glaubt. Und so stelle ich vergnügt fest, dass die Zahl der Christen in China in den letzten ca. 60 Jahren von 1 Million auf schätzungsweise 100 Millionen gestiegen ist.

3.12 Presseschau: Hängt Amerika Europa ab?[246]

Das Osloer Nobelpreis-Komitee hat der EU gestern den renommierten Friedensnobelpreis verliehen. Viele ranghohe europäische Spitzenpolitiker und Spitzendiplomaten nahmen an der Zeremonie teil. Ist also alles gut in Europa? - Mitnichten!

Während in den letzten Monaten vermehrt positive Meldungen aus den USA auch nach Europa schwappten- hier eine kleine Auswahl: AIG [247] ‚Banken

---

[242] http://www.rohstoff-welt.de/news/artikel.php?sid=34412
[243] http://www.zeit.de/wirtschaft/2012-11/birol-iea/seite-1
[244] http://welt-im-wandel.net/2012/11/leseempfehlung-chinas-christen/
[245] http://www.spiegel.de/panorama/china-christen-muessen-ihre-treffen-geheim-organisieren-a-865342.html
[246] http://welt-im-wandel.net/2012/12/presseschau-hangt-amerika-europa-ab/

allgemein[248],Energiemarkt[249],Wirtschaftswachstum[250],Arbeitslosigkeitsbekämpfung[251],Solidarität der Reichen und Mächtigen hinsichtlich der Bekämpfung der eigenen Schuldenproblematik durch moderate Steuererhöhungen[252] (ein Blankfein-Interview im Handelsblatt, dass ich hier gerne auch noch verlinkt hätte, wurde nicht online gestellt) -

könnten die Nachrichten aus Europa kaum gegensätzlicher sein

- hier eine kleine Auswahl: steigende Arbeitslosigkeit in der EU[253],Diskussion um einen Verbleib des Vereinigten Königreichs in der EU[254],Streit um die EU-Finanzplanung 2014-2020[255],Bankenunion[256],Leistungsbilanzdefizite südeuropäischer Länder[257],politisches Geschacher wie aktuell im Falle Mario Montis[258],Großkonzerne fliehen aus Südeuropa[259].

Freilich ist und bleibt die 60-jährige Geschichte der EU eine großartige Erfolgsgeschichte, die den Menschen spätestens nach der EU-Osterweiterung 2004 Frieden und Wohlstand in ganz Europa brachte. Es zeigt sich aber auch, dass Nordeuropa wirtschaftlich den Süden längst abgehängt hat. Rhetorische Frage: Ist das

---

[247] http://www.spiegel.de/wirtschaft/unternehmen/usa-verkaufen-restliche-aig-aktien-a-872117.html
[248] http://welt-im-wandel.net/2012/12/banken-unterschiedliche-lander-unterschiedliche-sitten/
[249] http://welt-im-wandel.net/2012/11/das-schwarze-gold-co/
[250] http://www.welt.de/newsticker/dpa_nt/infoline_nt/wirtschaft_nt/article111663960/US-Wirtschaftswachstum-steigt-auf-2-7-Prozent.html
[251] http://www.abendblatt.de/incoming/article111885483/US-Arbeitslosenquote-sinkt-auf-niedrigsten-Stand-seit-2008.html
[252] http://www.sueddeutsche.de/wirtschaft/lobbyist-grover-norquist-amerikas-anti-steuer-kult-verliert-anziehungskraft-1.1536048
[253] http://www.focus.de/finanzen/news/eu-schuldenkrise-treibt-euro-arbeitslosigkeit-erneut-auf-rekord_aid_872078.html
[254] http://www.cicero.de/blog/eric-bonse-lost-europe/2012-10-23/sagt-grossbritannien-good-bye-zur-eu
[255] http://www.tagesschau.de/wirtschaft/euhaushalt134.html
[256] http://www.europarl.europa.eu/news/de/headlines/content/20121122STO56230/html/EU-Bankenunion-Einheitliche-Regeln-f%C3%BCr-EU-Banken-zahlen-sich-aus
[257] http://wirtschaftlichefreiheit.de/wordpress/?p=10263
[258] http://www.zeit.de/wirtschaft/2012-12/italien-wirtschaft-bilanz-monti
[259] http://www.spiegel.de/wirtschaft/unternehmen-grosskonzerne-fliehen-aus-suedeuropa-a-871060.html

etwas Neues? - Um meine Frage aus der Überschrift eindeutig zu beantworten: Nein, Amerika hängt Europa nicht ab, ganz sicher aber den Süden.

3.13 Israel vor den Parlamentswahlen[260]

Folgende Konstellationen machen die am kommenden Dienstag stattfindende Parlamentswahl in Israel spannend:

1. Wahlkampf -Im Wahlkampf wird Netanjahu von einem Rechts-Außen-Politiker rechts überholt, der im Vergleich zu Netanjahu selbst noch umfassendere Siedlungspläne hat.[261]

2. Demokratieverdrossenheit - Die israelische Bevölkerung hat zum Teil jahrzehntelangen Terror und Krieg satt und so ist es nicht verwunderlich, dass infolgedessen eine Mehrheit der Bevölkerung kein Problem damit hat, dass eine Art Zweiklassen-Gesellschaft entstanden ist, in der arabisch-stämmige Israelis nur noch eingeschränkten Zugang zu Staatsämtern hat. Hier ein Artikel des jüdisch-amerikanischen Bloggers Richard Silverstein, der auf die Ergebnisse einer entsprechenden Umfrage Bezug nimmt.[262]

3. Neue US-Außenpolitik - Nicht auszuschließen ist, dass sich die USA aus dem Nahen Osten zurückziehen – die eigene Energiesicherheit ist infolge des Rohstoffbooms zunehmend gesichert. Die Folge für Israel: Amerika muss nicht mehr den Polizisten im Nahen Osten spielen und könnte mehr und mehr die Zuschauer-Rolle einnehmen – einen Automatismus – immer wenn Israel Probleme mit seinen Nachbarn oder Terrorgruppen (Hamas, Fatah, Hizbullah) oder dem Iran hat, hilft der

---

[260] http://welt-im-wandel.net/2013/01/israel-vor-den-parlamentswahlen/
[261] http://www.sueddeutsche.de/politik/konkurrenz-fuer-netanjahu-israel-feiert-naftali-bennett-als-moses-reloaded-1.1569381
[262] http://www.richardsilverstein.com/2012/10/23/survey-of-israeli-racism-58-of-jews-label-their-state-apartheid/

befreundete große Bruder von der anderen Seite des Atlantiks, dürfte es in Zukunft nicht mehr so leicht geben.

4. Eiszeit zwischen den Regierungschefs - Netanjahu stellte sich im US-Präsidentschaftswahlkampf auf die Seite Romneys. Wie dieser Artikel der gesellschaftspolitisch links orientierten Zeitung Haaretz aufzeigt[263], rächt sich Obama nun seinerseits mit Desinteresse und drückt insb. seine Verärgerung hinsichtlich der seit Ewigkeiten stockenden Friedensbemühungen aus (Siedlungspläne).

Der zu Punkt 4 verlinkte Artikel der Haaretz ist nicht frei lesbar, wer sich allerdings kostenlos registriert kann bis zu 10 Artikel im Monat, also auch diesen, kostenlos in voller Länge lesen.

3.14 Peter Scholl-Latour[264]

Ich lese aktuell zwei Bücher von Peter Scholl-Latour, „Die Welt aus den Fugen"[265] und „Arabiens Stunde der Wahrheit"[266]. Scholl-Latour, der nächstes Jahr 90 wird [267], holt insb. in letzterem Buch zu einem umfassenden historischen Rundumschlag aus und verknüpft seine enormen historischen Kenntnisse mit unzähligen persönlichen Reiseerlebnissen und den aktuellen Geschehnissen in Arabien und den anderen muslimisch dominierten Ländern. Ich möchte hier einige Aussagen und Erkenntnisse wiedergeben, die von allgemeinem Interesse sein sollten.

Peter Scholl-Latour kritisiert in seinen Büchern sehr häufig das außenpolitische Vorgehen des Westens, allen voran der USA, was ihm mitunter auch den Vorwurf

---

[263] http://www.haaretz.com/news/diplomacy-defense/obama-to-bibi-you-re-on-your-own.premium-1.494216
[264] http://welt-im-wandel.net/2013/02/peter-scholl-latour/
[265] http://www.amazon.de/Die-Welt-aus-Fugen-Betrachtungen/dp/354907431X/ref=sr_1_1?ie=UTF8&qid=1359890361&sr=8-1
[266] http://www.amazon.de/Arabiens-Stunde-Wahrheit-Aufruhr-Schwelle/dp/3548374670/ref=sr_1_1?s=books&ie=UTF8&qid=1359890407&sr=1-1
[267] http://de.wikipedia.org/wiki/Scholl-Latour

des Antiamerikanismus einbrachte. Kriege wie diejenigen in Afghanistan und dem Irak, die auch unter dem Vorwand Demokratie und Menschenrechte zu fördern und zu verbreiten, vorangetrieben werden, betrachtet er skeptisch. Gerne wirft er dem Westen Heuchelei vor, wenn bspw. in Guantanamo Menschenrechtsstandards von den USA nicht eingehalten werden. Überhaupt wirbt Scholl-Latour gerade im Zusammenhang mit den beiden Kriegen für mehr Empathie mit den Arabern und Muslimen. Eine Arroganz und Überheblichkeit gekoppelt mit der Ignoranz vor historischen und kulturellen Besonderheiten führen seiner Meinung nach immer wieder zu fatalen Entscheidungen, unzählige nachrichtendienstliche und militärische Einsätze, deren Erfolge zweifelhaft sind bestätigten ihn in seiner Einschätzung.

Ich verzichte an dieser Stelle darauf Beispiele zu nennen. Fest steht jedoch: Scholl-Latour ist ein mutiger Mann, der sich im Verlaufe der Jahrzehnte den Respekt vieler islamischer Führer verdient hat. Mithin sollte man seine Warnungen und Ratschläge ernst nehmen. Und so komme ich zu einem interessanten Gedankenexperiment und zu der Frage, die aufgeworfen werden kann, um eine gewisse Grund-Empathie für die Muslime zu entwickeln, nämlich konkret, wie wir in Deutschland wohl reagieren würden, wenn in Europa die muslimischen Araber einmarschiert wären? Alliierte Militäreinheiten sind derzeit noch in Afghanistan stationiert und waren bis vor kurzem noch im Irak. Angenommen zwei Nachbarländer Deutschlands wären auf diese Weise besetzt. Wie würden wir wohl reagieren?

Dieser Vergleich soll kurz zeigen, dass es bei der Betrachtung und Analyse außenpolitischer Entscheidungen und Vorgehensweise keine Denkverbote geben sollte. Es gibt Gründe, wegen derer gerade Afghanistan und der Irak mit militärischer Präsenz des Westens zurechtkommen mussten und müssen, klar. Da wäre an erster Stelle der Kampf gegen den Terror zu nennen, der nach den Anschlägen auf das World Trade Center aus emotional nachzuvollziehenden Gründen begann, spätestens an zweiter Stelle folgt aber der Kampf um Rohstoffe und die eigene

Versorgungssicherheit, nicht zuletzt die Demonstration militärischer Macht in einer Region, die sich in geografischer Nähe zu Russland und China befindet. Interessant werden die Militäroperationen im Nahen Osten und am Hindukusch, wenn man Samuel P. Huntingtons Buch „Clash of Civilizations"[268] kennt. Der bereits verstorbene Politberater entwirft darin die These, dass die Welt im 21. Jahrhundert in eine Serie von Religionskriegen schlittert, die im schlimmsten Fall gar in einem 3. Weltkrieg münden könnten. Wenn Huntington uns also religiös-kulturelle Konflikte voraussagt, sollte man bei aller Schwarzmalerei, die er betreibt, hellhörig werden. Denn letztlich war er zu Zeiten der Präsidentschaft George W. Bushs, ein enger außenpolitischer Berater dessen Administration. Insofern war er sicherlich ein inspirierender Intellektueller, der seinen Einfluss geltend machen konnte, ob er ein Architekt der Bush'schen Außenpolitik war, kann dahingestellt bleiben. Fakt ist aber, dass aus muslimisch-arabischer Sicht, das Christentum und dessen Söhne und vereinzelt auch Töchter im Orient als Soldaten präsent sind. Natürlich nicht nur, der Umstand, dass eine nicht unbeträchtliche Anzahl an Soldaten atheistisch ist, macht meine Betrachtungsweise jedoch nicht falsch. So haben wir also bereits wenn man so will zwei Religionskriege im Huntigton'schen Sinne! Nimmt man nun noch den jüdisch-muslimischen Dauerkonflikt mit dazu, dann ist man geneigt, Huntingtons These bestätigt zu wissen.

Allerdings sehe ich das trotzdem anders. Gerade vor dem Hintergrund, dass die USA aus dem Irak bereits abzogen sind[269] und vor dem für das Jahr 2014 anstehendem Rückzug der Truppen aus Afghanistan [270], zeigt sich, dass dunkle und schwarzmalerische Prognosen mit äußerster Vorsicht zu genießen sind.

---

[268] http://www.amazon.de/Kampf-Kulturen-Neugestaltung-Weltpolitik-Jahrhundert/dp/3442151902/ref=sr_1_1?s=books&ie=UTF8&qid=1359890674&sr=1-1
[269] http://www.sueddeutsche.de/politik/truppenabzug-beendet-letzte-us-kampftruppen-verlassen-irak-1.1237618
[270] http://www.welt.de/newsticker/news3/article112650117/USA-erwaegen-vollstaendigen-Truppenabzug-aus-Afghanistan-bis-Ende-2014.html

Scholl-Latour jedenfalls ist der Meinung, dass der Westen mit seinem rabiaten Vorgehen durchaus mehr Glück als Verstand hat. Einerseits sind abendländisch-christliche Truppen im tiefsten Arabien stationiert, andererseits jedoch kam es bspw. in den USA seit 9/11 nicht mehr zu weiteren Terroranschlägen, die man realistischer Weise durchaus hätte annehmen können, wenn man sich nochmal mein durch die Lektüre der Scholl-Latour'schen Bücher inspiriertes Gedankenexperiment von oben vergegenwärtigt und sich vorstellt, dass arabisch-muslimische Truppen in Europa stationiert wären. Aber Scholl-Latour zieht an dieser Stelle aus meiner Sicht ein wenig voreilige Schlüsse, wie man gerade an neueren Entwicklungen wie den Unruhen rund um das im letzten Jahr veröffentlichte Mohammed-Video sieht oder aber an aktuell veröffentlichten Drohvideos gegen die USA und Deutschland[271].Und so ist der Kampf gegen den Terrorismus mitnichten gewonnen, wie die scheidende US-Außenministerin Hillary Clinton aktuell richtigerweise konstatiert [272].Im Gegenteil, die reale Bedrohung wird uns weiterhin beschäftigen. Jedenfalls mutet Scholl-Latours weitere Erkenntnis, problematischer für den Westen oder zumindest Teile des Westens, wäre nicht so sehr der Terrorismus, sondern viel eher die Demografie, etwas bizarr an. Gleichwohl beobachtet Scholl-Latour richtigerweise, eine Zunahme des Anteils der Muslime an der Weltbevölkerung, so auch in unseren Breiten. Die Geburtenraten muslimischer Frauen übersteigen diejenigen westlicher Frauen unbestreitbar zum Teil um ein Vielfaches. Ob dieser Trend allerdings auf Jahrzehnte hinaus fortgeschrieben werden kann, darf durchaus in Frage gestellt werden kann, zumal er auch für Panikmache und vorurteilsbehaftete Hetze gegen die Muslime taugt.

Aber Scholl-Latour wäre nicht Scholl-Latour wenn er nicht auch kritische Äußerungen zum Islam tätigen würde. „Mohammed war ein Kriegs- und Feldherr. Das dürfen wir nie vergessen." schreibt er an einer Stelle. Mehrmals betont er, dass

---

[271] http://www.focus.de/politik/deutschland/wir-wollen-merkel-tot-sehen-islamisten-wollen-mit-droh-video-angst-in-deutschland-schueren_aid_911444.html
[272] http://www.faz.net/aktuell/politik/ausland/amerika/hillary-clinton-hart-mit-anderen-wie-mit-sich-selbst-12047958.html

der Ijtihad [273], eine Form der Auslegung des Islam, der zufolge moderne gesellschaftliche Entwicklungen mitberücksichtigt werden sollen, sich längst nicht durchgesetzt habe. Gemäß der Scharia, haben Aussagen von Frauen vor Gericht nur die Hälfte des Wertes verglichen mit der Aussage eines Mannes. Aber auch nur dann, wenn der Mann Muslim ist. Gerichtlich verwertete Aussagen von Christen und Juden zählen ebenfalls nur die Hälfte. Es gäbe sicherlich noch eine Reihe weiterer Beispiele dafür, belegen zu können, warum der Islam eine rückständige Religion ist.

Allein man sollte nicht den Fehler machen und die Integration der muslimischen Bevölkerung in Deutschland und natürlich allgemein im Westen für gescheitert zu erklären, bei allen Integrationsproblemen die es sicherlich zuhauf gibt. Vergessen wir außerdem nicht, dass Barack Obama väterlicherseits ebenfalls muslimischer Abstammung ist. Es ist daher aus meiner Sicht nicht ausgeschlossen, dass die USA, das Einwanderungsland schlechthin, in Zukunft einen entspannteren und diplomatischeren Ton im Verhältnis mit Arabien und den Muslimen einschlägt.

3.15 Ahmadinejad in Ägypten - Obama kündigt Nahost-Reise an[274]

Der iranische Präsident Ahmadinejad hält sich derzeit in Ägypten auf. Medienberichten zufolge ist zum ersten Mal seit 1979 ein Staatsoberhaupt der islamischen Republik zu einem Staatsbesuch in dem ehemaligen Pharaonenreich eingetroffen. Bei einem Bad in der Menge ist Ahmadinejad nun mit einem Schuh beworfen worden (s. Video oben).

Auch George W. Bush ist während einem Aufenthalt im Irak als damaliger US-Präsident mit einem Schuh beworfen worden.

---

[273] http://de.wikipedia.org/wiki/Idschtih%C4%81d
[274] http://welt-im-wandel.net/2013/02/ahmadinejad-in-agypten-obama-kundigt-nahost-reise-an/

In Arabien gilt es als große Geste der Missachtung einen Schuh in die Höhe zu strecken, wenn jemand redet, erst recht natürlich jemanden mit einem Schuh zu bewerfen.

Unterdessen hat das Weiße Haus eine Reise des US-Präsidenten in den Nahen Osten angekündigt. Im März will Barack Obama u.a. Israel, das Westjordanland und Jordanien besuchen.[275]

3.16 Gibt es einen Trend zur Abrüstung?[276]

Wie das in Stockholm ansässige Friedensforschungsinstitut SIPRI[277] diese Woche verkündete, sanken die Ausgaben für Rüstungsgüter im Jahr 2011 auf 410 Mrd. US-$[278] um ca. 5% verglichen mit dem Jahr 2010. Das von einem Deutschen geführte Institut analysierte dabei die Zahlen der Top 100 - Rüstungskonzerne[279]. Nichtsdestotrotz stiegen die Rüstungsausgaben seit 2002 um real annähernd 51%. Nicht berücksichtigt wurden, mangels Daten, Rüstungskonzerne aus China.

Sparmaßnahmen in den USA und in Westeuropa, sowie der Rückzug der US-Armee aus dem Irak werden als Hauptgründe für die sinkenden Ausgaben angeführt.

Wie die Friedensforscher weiter schreiben, versuchen die Rüstungskonzerne den schrumpfenden Etats der öffentlichen Haushalte dadurch zu begegnen, dass sie sich zunehmend auf den Privatsektor konzentrieren und zusätzlich im Bereich der Cybersicherheit aktiv werden. Wie das aussehen kann zeigt dieser Bericht des englischen Guardian, der Bezug nimmt auf die von Raytheon entwickelte Software RIOT zur Analyse von Nutzerdaten sozialer Netzwerke[280].

---

[275] http://www.haaretz.com/news/diplomacy-defense/u-s-president-barack-obama-to-visit-israel-in-march.premium-1.501638
[276] http://welt-im-wandel.net/2013/02/gibt-es-einen-trend-zur-abrustung/
[277] http://www.sipri.org/
[278] http://www.sipri.org/media/pressreleases/2013/AP_PR
[279] http://www.dradio.de/dkultur/sendungen/tacheles/1988256/
[280] http://www.guardian.co.uk/world/2013/feb/10/software-tracks-social-media-defence

Es bleibt also fraglich, ob es tatsächlich zu einer dauerhaften Abrüstung kommt, auch wenn US-Präsident Barack Obama bei der Abrüstung der Atomwaffen Ernst macht[281].

Gegen den allgemeinen Trend verkauften deutsche Rüstungskonzerne 2011 mehr Waffen und Rüstungsgüter [282]. Dies dürfte auch weiterhin anhalten, da es sich abzeichnet, dass strategisch wichtige Partnerländer wie Saudi-Arabien auch militärisch durch die Versorgung mit Rüstungsgütern bei Laune gehalten werden sollen.

3.17 Polen - wirtschaftlicher und politischer Status Quo[283]

Der Spiegel berichtet in seiner dieswöchigen Printausgabe über einige fragwürdige Projekte in Polen, die mithilfe von EU-Geldern zumindest co-finanziert wurden[284]. Es geht insb. um ein Thermalbad, das an einer Stelle gebaut wurde, an der Wasser viel zu kalt aus dem Boden strömt... und folglich aufgewärmt werden muss.

Zu den EU-Geldern muss man wissen, dass Polen jährlich um die 11 Mrd.€ netto aus dem EU-Haushalt erhält (ich habe die Zahl nicht überprüft), so dass das 38 Millionen Einwohner zählende Land in absoluten Zahlen gemessen letztlich größter Empfänger in dem Staatenbund ist[285].

Weil aber die Arbeitslosigkeit in den letzten Jahren wieder deutlich von unter 10% auf ca. 14% gestiegen ist und die wiedergewählte Regierung von Premierminister Donald Tusk aus der Partei "Platforma Obywatelska" (kurz PO - zu Deutsch

---

[281] http://www.spiegel.de/politik/ausland/abruestung-obama-will-us-atomarsenal-drastisch-schrumpfen-a-882549.html
[282] http://taz.de/Bericht-von-SIPRI-Friedensforschern/!111202/
[283] http://welt-im-wandel.net/2013/03/polen-wirtschaftlicher-und-politischer-status-quo/
[284] http://wyborcza.pl/1,75248,13524405,Der_Spiegel_sie_z_nas_smieje___Zimne_termy_to_absurd_.html
[285] http://www.bpb.de/nachschlagen/zahlen-und-fakten/europa/70580/nettozahler-und-nettoempfaenger

Bürgerplattform) eine Rentenreform (Rente ab 67) durch's Parlament peitschte ist sie trotz der durchaus beachtlichen Erfolge bei den EU-Haushaltsbudgetverhandlungen in der Wählergunst wieder hinter die national-konservative Oppositionspartei des Krawallmachers Jaroslaw Kaczynski von der Partei "Prawo i Sprawiedliwość" (kurz PiS - zu Deutsch Recht und Gerechtigkeit) zurückgefallen.

Kaczynski, der immer noch gerne Polens brutale Vergangenheit in's Zentrum seiner Politik stellt und von der bürgerlich-liberalen Regierung eine rhetorisch harte Linie insb. gegenüber der EU und den beiden mächtigen Nachbarn Deutschland und Russland verfolgt sehen möchte, stellte daher im Parlament jüngst einen Misstrauensantrag, der jedoch mit den Stimmen der Koalitionäre abgeschmettert werden konnte[286].

Dabei herrscht auch innerhalb der Bürgerplattform keine Geschlossenheit, da ein Gesetz zur Einführung der Homo-Ehe, das von Tusk selbst befürwortet wurde, an Abweichlern aus den eigenen Reihen scheiterte. Insbesondere mit dem Justizminister Gowin, der sich offen gegen die Liberalisierungspolitik des Regierungschefs positionierte, kam es zu einem Machtkampf, den die Opposition gnadenlos auszunutzen versuchte. Jedoch ohne Erfolg. - Die nächste Parlamentswahl ist in Polen übrigens erst im Herbst 2015.

Bei einem ganz anderen Prestigeprojekt gibt es derzeit keinerlei Fortschritte. Der Beitritt Polens in die Euro-Währungsgemeinschaft liegt derzeit in weiter Ferne, obwohl das Land von einem Beitritt nicht zuletzt wegen den unterschiedlichen Leitzinsen durchaus profitieren würde. Der Leitzinssatz in der Euro-Währungsunion liegt aktuell bei 0,75 Prozentpunkten, wohingegen der Leitzins Polens bei

---

[286] http://www.sueddeutsche.de/politik/polen-misstrauensantrag-gegen-polnische-regierung-abgelehnt-1.1619192

vergleichsweise hohen 3,25 Prozentpunkten liegt, immerhin ein Unterschied von 2,5 Basispunkten. So hoch, bei aktuell 2,5 % liegt gegenwärtig auch die Inflationsrate, so dass ein Ankurbeln der Wirtschaft durch die erst in dieser Woche erfolgte Leitzinssenkung durch die polnische Nationalbank richtig ist.

Den Fall des aus Krakau stammenden Nationalisten, der vor einigen Monaten das Warschauer Parlament, den Sejm, in die Luft sprengen wollte und als Motiv angab, in Wahrheit steckten jüdische Hintermänner hinter den Entscheidungen der Abgeordneten und lenkten bzw. beeinflussten diese, möchte ich nicht unerwähnt lassen.

BTW: Die polnischen Medien gaben dem antisemitischen Nationalisten den Beinamen "polnischer Breivik" in Anlehnung an den norwegischen Rechtsterroristen Anders Breivik, der vor ein paar Jahren ca. 80 Jugendliche feige ermordete, weil diese seiner Meinung nach für ein multikulturelles Europa stünden, das er ablehne.

Hier ist übrigens ein spannendes Video über Polen mit Bildern zu Vergangenheit und Gegenwart[287].

3.18 Was hat Volker Kauder mit dem Clash of Civilizations zu tun?[288]

Jahr für Jahr veröffentlicht das 1955 gegründete christliche Hilfswerk Open Doors[289] den sogenannten Weltverfolgungsindex[290]. Ziel des überkonfessionellen christlichen Hilfswerks ist es, auf die zum Teil dramatische Situation unzähliger Christen in einigen Staaten aufmerksam zu machen und der Öffentlichkeit vor Augen

---

[287] http://vimeo.com/60002414
[288] http://welt-im-wandel.net/2013/03/was-hat-volker-kauder-mit-dem-clash-of-civilizations-zu-tun/
[289] http://www.opendoors.de/
[290] http://www.youtube.com/watch?v=e_URmZmT0-Q

zu führen, welch existentiellen und zum Teil lebensbedrohenden Problemen sich Christen allein aufgrund ihres Glaubens in einigen Ländern gegenübergestellt sehen. Dabei listen die engagierten Christen von Open Doors diejenigen 50 Staaten in dem Index auf, in denen die Situation für die Christen am bedrohlichsten ist. Interessant dabei ist, dass das Netzwerk das traditionelle Fisch-Symbol als Wappen[291] benutzt. Bekanntlich diente das schnell zu zeichnende Fisch-Symbol schon den Ur-Christen vor zwei tausend Jahren als Erkennungssignal. In den ersten Jahrhunderten galt das Christentum nämlich noch als Sekte, was zur Folge hatte, dass diese christlichen Vorfahren sich, wie die Christen, die in den heutigen in den Ländern leben, die in dem Index aufgezählt sind, der Schikane und Verfolgung ausgesetzt gesehen haben. So kam es in Rom, dem prominentesten Beispiel, in den ersten Jahrhunderten, zu massiven Christenverfolgungen. Das Fisch-Symbol, das nur Christen bekannt war, diente daher all denjenigen, die sich vor der Verfolgung in Sicherheit bringen wollten als Hinweis, dass sie sich hier in Sicherheit befinden. In Rom sind in erster Linie die unterirdischen Katakomben zu erwähnen. Übrigens weiß ich das alles deshalb so genau, weil mein bereits verstorbener Großonkel Hieronymus Piksa als katholischer Geistlicher lange Jahre Touristen Führungen in diesen Katakomben anbot und so nicht zu Letzt auch deutschen Christen die Geschichte der Christenverfolgung näher brachte.

In diesem Video-Clip[292] nun äußern sich einige Geistliche, Medienleute und zu guter Letzt Volker Kauder, seinesgleichen aktueller Vorsitzender der CDU/CSU-Bundestagsfraktion im deutschen Bundestag zu der Arbeit von Open Doors und dem aktuellen Index. Die Arbeit ist äußerst wertvoll. Das sieht auch Volker Kauder, der recht unzweideutig, in seinem Statement darüber spricht, den Index in seiner Arbeit mit internationalen Partnern zu verwenden und ihn zur Orientierung bei anstehenden Auslandsreisen zu verwenden, nicht anders.

---

[291] http://de.wikipedia.org/wiki/Fisch_(Christentum)
[292] http://www.youtube.com/watch?v=Ggbhc6yJG6s&feature=endscreen&NR=1

Jedoch darf durchaus auch erwähnt werden, dass der Index, ganz allgemein gesprochen, kaum einen neuen Erkenntnisgewinn zu tage fördert. Denn wie aus meiner langen Vorrede ersichtlich ist, ist es nun mal leider Gottes so, dass sich die Christen seit ihren Gründungstagen der Verfolgung ausgeliefert sehen. Nichtsdestotrotz ist es immer wieder von Neuem wichtig, auf die untragbare Situation der Christen und ihrer Verfolgung in vielen Ländern aufmerksam zu machen, logisch.

Was die armseligen Christenverfolgungen eindeutig zeigen, ist eines: Es gibt weltweit in vielen Regionen eine Tendenz zur Diskriminierung der Christen. Meist geschieht dies in denjenigen Ländern, in denen die Christen eine religiöse Minderheit bilden. Wie der Clip zum Weltverfolgungsindex zeigt, finden in vielen islamisch geprägten Ländern Christenverfolgungen statt. Damit handelt es sich dabei um einen klassischen Konflikt zwischen den dort dominierenden Muslimen und den Christen, wie er in vielen Ländern vorherrscht. Um in gewisser Weise für Verständnis, zumindest ein Grundverständnis, für die Muslime zu werben, ohne jedoch die den Konflikt verursachenden islamistischen Hauptreiber in Schutz nehmen zu wollen, sei gesagt, dass ein Teilbeitrag so manch eines Konfliktes durchaus in gewissen kriegerisch geführten außenpolitischen Maßnahmen gesehen werden kann. So muss eindeutig gesehen werden, dass die Irak- und Afghanistan-Kriege nicht nur von Amerikanern und ihren Verbündeten geführte Kriege sind, sondern auch Kriege von Christen aber auch von den sog. Ungläubigen, gegen die Muslime selbst und damit den Islam. Ich möchte hier nicht falsch verstanden werden. Meine Ausführungen sollen nicht als Kritik der US-Außenpolitik verstanden werden. Es geht mir einzig und allein um einen Wechsel der Sichtweise. Dieser Wechsel der Sichtweise ist nämlich dringend nötig. Die Internetseite „Politically Incorrect", die sich die Islam-Kritik, die in Teilen eine absolute Berechtigung hat, auf die Fahne geschrieben hat, wurde nämlich mittlerweile schätzungsweise, wenn auch nach Angaben der Seitenbetreiber, 275 Millionen Mal aufgerufen. Da diese Internetseite deutschsprachig ist, muss man nur eins und eins zusammenzählen, um zu erahnen, dass die meisten Besucher aus Deutschland, Österreich und dem deutschsprachigen Teil der Schweiz stammen. Die in all diesen drei Ländern dauerthematisierte Integration der immer größer werdenden muslimischen Minderheit in Europa, tut sicherlich ihr Übriges, um die Aufmerksamkeit auf diese uns in weiten Teilen unbekannte Kultur und Religion zu lenken.

Um es jedoch ein wenig abzukürzen: Es gibt berechtigte Kritik am Islam und zwar schon allein aus dem Grund, weil es wie der Weltverfolgungsindex zeigt, massive Verfolgungsaktionen in den islamisch dominierten Ländern gibt. Allerdings habe ich versucht kurz darzulegen, wie die Sichtweise der Muslime, ohne jemals persönlich ein islamisch geprägtes Land bereist zu haben, aussehen könnte.

Worauf ich hinaus will ist aber, dass es aus meiner Sicht in Europa eine wachsende Stimmung gegen den Islam gibt, die begleitet wird von einem wachsenden Antisemitismus in vielen europäischen Ländern. Beide Phänomene habe ich in diesem Blog aber auch auf meiner facebook-Seite und auf meiner twitter-Seite mehrmals angesprochen. Zu dieser antijüdischen und antiislamischen Stimmung gesellt sich darüber hinaus auch eine tendenziell sowohl quantitativ als qualitativ immer aggressivere Stimmungsmache gegen das Christentum in Europa selbst. Zusammenfassend herrscht in Europa also durchaus in einer nicht zu unterschätzenden Anzahl an Menschen eine antireligiöse Grundeinstellung. Mit anderen Worten und salopp formuliert geben nicht viele Atheisten etwas auf die in Deutschland im Grundgesetz verankerte Religionsfreiheit.

Womit ich meinen Kerngedanken formulieren möchte, der da lautet, dass es in Europa eine wachsende Stimmung des gegenseitigen Misstrauens, der gegenseitigen Entfremdung und des gegenseitigen Unbehagens gibt. Diese negative Grundhaltung führt wiederum zu Konflikten, die letztlich, und darauf wollte ich hinaus, als Erfüllung der von Samuel P. Huntington bereits im Jahre 1993 geäußerten „Prophezeiung" angesehen werden kann. (Auf andere Konflikte möchte ich an dieser Stelle zunächst nicht eingehen.) Samuel P. Huntington hat 1993 in einer umfassenden

Studie, die er später als Buch „Clash of Civilization" publizierte, folgenden Grundgedanken, von mir gerade eben als eine Art „Prophezeiung" charakterisiert, formuliert: Nachdem es im 19. Jahrhundert zu Konflikten und Kriegen zwischen Nationalstaaten kam, und nach dem es im 20. Jahrhundert zu Konflikten und Kriegen zwischen den Vertretern totalitär-ideologischer Weltanschauungen kam, ist es nunmehr durchaus vorstellbar und auch realistisch, dass es im 21. Jahrhundert zu Konflikten zwischen den Angehörigen von Religionen und Kulturen kommen wird, die im schlimmsten Fall gar in eine ganze Serie von Kriegen münden könnten.

Der renommierte Professor der elitären Harvard-Universität, der dort jahrzehntelang lehrte, wurde für seine Thesen und Voraussagen zum Teil heftig kritisiert, zum Teil aber auch sehr gelobt. So muss man wissen, dass Huntington unter dem ehemaligen US-Präsidenten George W. Bush, wichtiger Berater des US-Außenministeriums war. Ob Huntington inspirierend auf das außenpolitische Vorgehen der Bush-Administration einwirkte oder ob er gar maßgeblicher intellektueller Architekt des außenpolitischen Vorgehens war, kann ich nicht sagen. Was ich jedoch sagen kann ist, dass sich spätestens mit dem Anschlag auf die Zwillingstürme in New York, dem anschließenden Afghanistan-Krieg und dem Irak-Krieg, auch wenn dieser aus anderen Gründen geführt wurde, Huntingtons Thesen und Prognosen vom Clash of Civilizations letztlich noch zu dessen Lebzeiten erfüllten.

Wenn man nun noch einen weiteren seit Ewigkeiten andauernden Konflikt, nämlich den Israel-Palästina-Konflikt, mitberücksichtigt, dann dürfte jedem einleuchten, dass sich seine Vorhersagen, schon bei der Erstellung als eingetreten erwiesen haben. (Man könnte auch sagen, dass es sich hierbei um eine Art self-fulfilling prophecy handelt.) Der Israel-Palästina-Konflikt ist bekanntlich auch nichts anderes als ein Konflikt zwischen den Angehörigen des Judentums und seiner Kultur und den Angehörigen des Islam und dessen Kultur. Die Erkenntnis ist so langweilig, dass sie niemanden ernsthaft überraschen dürfte.

Summa summarum hat Huntington also unbestreitbar recht behalten. Es gibt eine ganze Reihe an Konflikten zwischen den Mitgliedern verschiedener Kulturkreise. Allerdings sollte die einzig richtige Erkenntnis und Schlussfolgerung sein, sich, darauf basierend, den vielen hasserfüllten Tendenzen und Phänomen entgegenzustellen und für gegenseitigen Respekt und Toleranz zu werben. Wie das auf europäischer Ebene, also international-außenpolitisch umgesetzt, aussehen könnte, skizzierte Bundeskanzler a.D. Gerhard Schröder jüngst in einem Gastartikel für eine Tageszeitung (einen Online-Link gibt es nicht).darin sprach sich der Altkanzler für einen baldigen EU-Beitritt der Türkei aus[293].

3.19 Putin – Scheidung[294]

Man muss Wladimir Putin, den Ex-KGB-Agenten, der nahezu perfekt deutsch spricht, weil er vor dem Fall des Eisernen Vorhangs u.a. in Dresden eingesetzt wurde, sicherlich nicht mögen. Alle die es tatsächlich nicht tun, haben jetzt einen Grund zur Schadenfreude. Denn der 60-jährige lässt sich, wie vor wenigen Tagen verlautbart wurde, von seiner Frau scheiden. Nach 30 Jahren Ehe!

Hier sind die lustigsten 10 tweets, die seine russischen Landsleute getweetet haben[295], nachdem sie von der Meldung aus dem Privatleben ihres Präsidenten erfahren haben. Und hier wird über die Hintergründe der Scheidung spekuliert[296].

Private Entwicklungen bei Spitzenpolitikern haben in der Regel überhaupt keinen Einfluss auf ihren Politikstil. Und so ist im Falle Wladimir Putins, der am 02. April der ARD ein interessantes Interview gegeben hat[297], davon auszugehen, dass der russische Präsident sein Land auch in Zukunft mit eiserner Hand regieren wird. Die Verleihung des Agenten-Status an ausländische NGO's zeigt, dass Russland sich

---

[293] http://www.cicero.de/berliner-republik/schroeder-fuer-eu-beitritt/53935
[294] http://welt-im-wandel.net/2013/06/putin-scheidung/
[295] http://www.rferl.org/content/russia-humor-putin-lyudmila-divorce/25010301.html
[296] http://www.faz.net/aktuell/gesellschaft/menschen/putins-scheidung-jetzt-ist-er-nur-noch-mit-russland-verheiratet-12213357.html
[297] http://www.youtube.com/watch?v=Kppkm56qdPE

hinsichtlich seiner inneren Angelegenheiten immer mehr abschottet und seine Regierung Bürgerinitiativen mit Einschüchterungsversuchen begegnet und schikaniert, wenn sie Unterstützung aus dem Ausland erhalten[298]. Ein selbstbewusstes Auftreten, weil man sich seiner freiheitlichen und pluralistischen Grundwerte sicher ist, sieht wahrlich anders aus.

Gleichwohl muss man Russland enorme Erfolge zugestehen. Wirtschaftlich ist das größte Land der Erde stabil. Und am Image bastelt die Kreml-Führung intensiv. Putin, der den schwarzen Gürtel im Judo hat, holt eine sportliche Großveranstaltung nach der nächsten ins Land[299]. So soll nächstes Jahr die Formel 1 in Sotschi Station machen [300]. Ebenfalls in Sotschi wird nächstes Jahr am Schwarzen Meer die Winterolympiade veranstaltet[301]. 2018 folgt dann die Ausrichtung der Fußball-Weltmeisterschaft[302], deren Zuschlag an Russland hoch umstritten war. Vor dem Hintergrund der harten Vorgehensweise gegen politische Oppositionelle sind Vergaben sportlicher Großveranstaltungen an solche Länder zu recht immer kritisch zu betrachten, da sie aufgrund der enormen medialen Aufmerksamkeit und weil sie traditionell im Fokus der Weltöffentlichkeit stehen, dem Gastgeberland immerzu positive publicity garantieren. Trotz der bedenklichen politischen Entwicklungen in Russland rechne ich jedoch nicht damit, dass es zu Boykott-Aufrufen kommen wird. Dabei wurde noch 1980, als Russland in Moskau das letzte Mal eine Olympiade ausrichtete, genau dies gemacht. Bekanntlich reiste die gesamte Olympia-Mannschaft der USA mitten im Kalten Krieg nicht an. So frostig sind die internationalen Beziehungen zu Russland heutzutage dann doch nicht und so werden nächstes Jahr vermutlich alle Länder, die Olympia-Mannschaften haben, anreisen.

---

[298] http://bundespresseportal.de/bundesmeldungen/item/12188-menschenrechtsbeauftragter-l%C3%B6ning-fordert-ende-der-einschr%C3%A4nkungen-f%C3%BCr-russische-ngos.html
[299] http://www.jensweinreich.de/2013/05/31/wer-regiert-den-weltsport-teil-1-wladimir-putin-marius-vizer-und-scheich-ahmad-al-sabah/
[300] http://de.wikipedia.org/wiki/Sochi_International_Street_Circuit
[301] http://de.wikipedia.org/wiki/Olympische_Winterspiele_2014
[302] http://de.wikipedia.org/wiki/Fu%C3%9Fball-Weltmeisterschaft_2018

Wer sich mehr für Russland interessiert, dem empfehle ich zwei Bücher von Anne Applebaum[303],außerdem dieses Video[304].Die jüdisch-amerikanische Kolumnisten der Washington Post beschäftigt sich seit vielen Jahren mit der politischen Situation Osteuropas inkl. derjenigen Russlands und veröffentlichte bereits zwei Bücher zur spannenden Geschichte dieses für viele so fremden Teils Europas. Da wäre einmal ihr Pulitzer-preisgekröntes Buch "Gulag"[305]und das erst Ende letzten Jahres erschienene Werk "Iron Curtain"[306], das das Zeug hat, zu einem Standardwerk der Literatur zur osteuropäischen Geschichte zu werden. Die einstige Elite-Studentin (Yale) ist übrigens mit dem polnischen Außenminister Radoslaw Sikorski verheiratet und gehört laut dem angesehenen britischen Magazin "Prospect" zu den größten DenkerInnen unserer Zeit[307].

3.20 Syrien - Ist Assad wirklich der Bad Boy?[308]

In der FAZ war heute ein Interview mit einem syrischen Bischof abgedruckt. Der Bischof sprach ganz offen darüber die aktuelle Assad-Regierung zu unterstützen. Der Grund liegt darin, dass Assad, alewitischer Muslim, der christlichen Minderheit in Syrien Freiheits- und Gestaltungsrechte einräumt, die den Christen, so wird befürchtet, von den sunnitischen Muslimen weggenommen werden, wenn die Rebellen erst einmal an der Macht sind[309].Und so lässt sich auch erklären, warum es keine militärische Interventionen seitens westlicher Mächte allen voran der Amerikaner gibt, wenn dies auch nicht vordergründig entscheidend sein mag. Zudem sollen die Rohstoffvorkommen auch überschaubar sein.

---

[303] http://de.wikipedia.org/wiki/Anne_Applebaum
[304] http://www.huffingtonpost.ca/2012/12/06/anne-applebaum-looks-insi_n_2250358.html
[305] http://www.amazon.de/Der-Gulag-Anne-Applebaum/dp/3886806421/ref=sr_1_2?ie=UTF8&qid=1370884777&sr=8-2&keywords=anne+applebaum
[306] http://www.amazon.de/Iron-Curtain-Crushing-Eastern-1944-1956/dp/0385515693/ref=pd_rhf_dp_s_cp_1_GJAY
[307] http://www.prospectmagazine.co.uk/magazine/world-thinkers-2013/#.UbYL6vnJR8F
[308] http://welt-im-wandel.net/2013/06/syrien-ist-assad-wirklich-der-bad-boy/
[309] http://de.radiovaticana.va/Articolo.asp?c=700462

Kritisch wird allerdings auch gesehen, dass Russland erwägt, Assad mit Waffen zu beliefern, damit dieser die Rebellen schneller besiegen kann[310].

So weit will "der Westen" dann doch nicht gehen, sprich Assad zu unterstützen, um der christlichen Minderheit ein sicheres Leben zu ermöglichen. Ein Hauptgrund warum es keine Militärintervention gibt liegt in der Tatsache begründet, dass Kriege zum einen teuer sind und zum anderen unvorhersehbare Ausgänge nehmen können.

Zudem kommt hinzu, dass Israel mit einem syrischen Präsidenten Assad ganz gut leben kann, da seine auf Machterhalt begründeten Motive durchschaubar sind. Man ist nicht befreundet, die Feindschaft geht aber auch nicht so weit, dass man den syrischen Machthaber beseitigen möchte. "Man weiß was man hat" wäre man geneigt zu sagen, wenn es darum geht, Israels Position im Verhältnis zu Syrien und Assad zu beschreiben. Problematisch ist, dass die israelfeindliche Terrororganization Hizbullah erwägt, den syrischen Machthaber zu unterstützen[311]. Würde es diesen Kämpfern gelingen der Assad-Regierung zu helfen an der Macht zu bleiben, dann hätte Israel eine erstarkte terroristische geprägte Organisation direkt vor seiner Haustür.

An genau diesem Punkt ist nun der Syrien-Konflikt angelangt. Die Befürchtung ist nun groß, dass Assad chemische Waffen gegen die Rebellen einsetzt.

Das wäre für Israel und die USA eine Überschreitung der bislang geduldeten Vorgehensweise und könnte eine weitgehende militärische Aktion nach sich ziehen, die derzeit alle Großmächte verhindern möchten.

Putins Vorschlag, im Rahmen der derzeitigen UN-Blauhelm-Operation ein eigenes Truppenkontingent auf den Golan-Höhen zu stationieren, wird nicht

---

[310] http://de.ria.ru/security_and_military/20130607/266262579.html
[311] http://www.spiegel.de/politik/ausland/krieg-in-syrien-hisbollah-wird-zur-kriegspartei-a-904395.html

umgesetzt[312].Der Kreml war schon zu Zeiten des Kalten Krieges enger Verbündeter Syriens.

China möchte mit Verweis auf seine außenpolitische Doktrin, ein Staat solle sich nicht in die inneren Angelegenheiten eines anderen Staates einmischen, gar nichts unternehmen.

So gesehen schätze ich das Bestreben Frankreichs und Großbritanniens die Rebellen unterstützen zu wollen, als machtstrategisches Profilierungsstreben, das nicht zielführend ist, ein.

Die arte-Sendung "Mit offenen Karten" zeigt Hintergründe und Auswirkungen des Syrien-Konflikts[313].

3.21 Berlin, Warschau, Jerusalem - Die Achse des Guten[314]

Die Beziehungen zwischen Deutschland und Polen sind seit geraumer Zeit hervorragend. Genau genommen sind sie seit 2007 hervorragend, als die Bürgerplattform PO die Parlamentswahlen gewann. Seit dem regiert in Warschau eine Koalition aus Bürgerlich-Liberalen und der Bauernpartei PSL, die außenpolitisch vor allem an guten Beziehungen zu Deutschland interessiert ist. Aber nicht nur mit Berlin möchte man besser zusammenarbeiten. Konstruktiv soll das Verhältnis auch zu den USA sein. Nicht zuletzt wegen den Subventionen aus Brüssel ist die polnische Regierung auch an einer erfolgreichen Zusammenarbeit mit der EU interessiert.

Die Beziehungen zwischen Deutschland und Israel sind ebenfalls hervorragend. Bestätigt wurde dies schon vor Längerem durch Angela Merkels Aussage, die

---

[312] http://www.tagesspiegel.de/politik/russische-blauhelme-an-syriens-grenze-vorschlag-putins-nach-rueckzug-oesterreichs/8317948.html
[313] http://www.youtube.com/watch?v=kaIq-ovmkE8
[314] http://welt-im-wandel.net/2013/06/berlin-warschau-jerusalem-die-achse-des-guten/

historische Verantwortung gehöre zur Staatsräson Deutschlands, wozu auch gehöre, dass Israels Sicherheit nicht verhandelbar ist[315].

Auch sind die Beziehungen zwischen Polen und Israel hervorragend. Gerade ist der erst Anfang des Jahres wiedergewählte israelische Premierminister Benjamin Netanjahu nach Polen gereist[316].Aber nicht alleine, sondern mit einer Delegation aus 5 Ministern. Es wird um engere Partnerschaften in den einzelnen Ressorts gehen und die Zusammenarbeit gestärkt.

3.22 Herkulesaufgabe Energiewende und die Frage warum nie Entschädigungsforderungen gegenüber Moskau gestellt wurden[317]

Für einen Eklat sorgte der Vorsitzende der Landsmannschaft der Schlesier Rudi Pawelka auf dem Deutschlandtreffen der schlesischen Vertriebenen[318]. Dort forderte er als Repräsentant der wichtigsten Unterorganisation des Bundes der Vertriebenen nämlich, dass Polen und Tschechien sich endlich für die Vertreibungen von Millionen Deutscher am Ende des 2. Weltkriegs entschuldigen sollen. Außerdem sollen endlich Opferentschädigungen ausgezahlt werden.

Was Pawelka jedoch nicht bedacht hat oder bewusst unterschlägt, ist, dass die Hauptverantwortung für die tragischen Vertreibungen gar nicht bei Polen, Tschechien & Co. liegt, sondern Folge der von Stalin ausgehandelten Bestimmungen auf der Potsdamer Konferenz[319] waren.

Dort wurde damals die Annexion polnischer Ostgebiete an die Sowjetunion beschlossen, darüber hinaus die Annexion deutscher Ostgebiete an Polen. Die Folge

---

[315] http://www.dw.de/es-ist-der-staat-israel/a-16797675
[316] http://www.jpost.com/Diplomacy-and-Politics/PM-in-Poland-Palestinian-right-to-a-state-not-in-doubt-316243
[317] http://welt-im-wandel.net/2013/06/herkulesaufgabe-energiewende-und-die-frage-warum-nie-entschadigungsforderungen-gegenuber-moskau-gestellt-wurden/
[318] http://www.spiegel.de/politik/deutschland/deutschlandtreffen-der-schlesier-pawelka-fordert-entschuldigung-a-907413.html
[319] http://de.wikipedia.org/wiki/Potsdamer_Konferenz

waren dramatische Vertreibungen durch die Rote Armee. - Richtigerweise müsste Pawelka seine Entschädigungsansprüche also an den Kreml richten.

Mit kostenlosen Erdgas-Lieferungen an Deutschland könnten diese Forderungen auch durchaus beglichen werden. Und wenn wir schon dabei sind: Wie wäre es mit der Begleichung der Folgekosten, die der durch die Sowjet-Stalinisten installierte und über halb Europa drübergestülpte Kommunismus verursachte?

Für jedes Jahr der von 1945-1989 währenden kommunistischen Fremdherrschaft sollte Moskau ein Jahr das Gazprom-Erdgas kostenlos an die betroffenen Länder Deutschland (wegen der DDR), Polen, Tschechien usw. liefern müssen. Das wäre nur recht und billig und würde den wirtschaftlichen Aufschwung und die wirtschaftlichen Aufholprozesse dieser Regionen und Länder zusätzlich befeuern, im wahrsten Sinne des Wortes.

Doch was passiert stattdessen? Die osteuropäischen Länder werden mit Milliardenbeträgen aus Brüssel subventioniert, zudem müssen alle teures Geld nach Moskau für das überlebenswichtige Erdgas überweisen. Das ist bedenklich.

Die Brüsseler Beamten stellvertretend für die als Rechtsgebilde logischerweise historisch unvorbelastete EU sollten sich mal daran machen hier gemeinsame europäische Forderungen aufzustellen! Unhaltbar ist jedenfalls die derzeitige Situation, in der sich einige wenige russische Oligarchen unter mit Hilfe des Kremls in unvorstellbarem Ausmaß bereichern dürfen.

Kostenlose respektive günstigere Erdgaslieferungen hätten einen weiteren positiven Nebeneffekt: Deutschland hätte mehr finanziellen Spielraum um die Energiewende zu stemmen und könnte so entspannter der Zukunft entgegenblicken.

3.23 Wer regiert Europa?[320]

Meine Vermutung: Wladimir Putin! - Kein Witz! - 44 Jahre kommunistische Fremdherrschaft und kein einziger Politiker hat je Forderungen gegenüber Moskau aufgestellt, sich an den Kommunismusfolgenbeseitigungskosten in drei- vielleicht vierstelliger Milliardenhöhe zu beteiligen. Dabei müsste kein einziger Cent tatsächlich überwiesen werden, es würde schon reichen, das Erdgas kostenlos bzw. stark vergünstigt zu bekommen. Die EU als historisch logischerweise unvorbelastetes Rechtsgebilde wäre hier die richtige Stelle, um die entsprechenden Forderungen für alle seinerzeit betroffenen osteuropäischen Länder inkl. Deutschland (wg. der DDR) zu berechnen und dann die Ansprüche geltend zu machen. Macht aber niemand, weil vermutlich Angst der größte Ratgeber nicht nur der EU-Kommission ist.

Stattdessen streitet man sich um ein paar Kunstgegenstände, wie neulich wieder, als Kanzlerin Merkel die Herausgabe der Beutekunst verlangte. So wichtig das auch sein mag. Letztlich interessieren diese Kunstobjekte lediglich einige wenige Fachleute, Kunstsammler und Kunsthistoriker. Der Spiegel und andere führende mediale Meinungsmacher sprechen aber von einem Eklat und vor einemWiederaufleben des Kalten Krieges[321].... lächerlich!

Wahrer Mut wäre es, den Kreml an den Kosten, die nach fast 50 Jahren Kommunismus hinterlassen wurden, zu beteiligen. Das passiert jedoch nicht.

Und so kann man daraus nur schlussfolgern, dass Wladimir Putin unser aller Boss ist...

P.S.: Dieser Artikel ist tendenziell polemisch-ironisch gemeint.

---

[320] http://welt-im-wandel.net/2013/06/wer-regiert-europa/
[321] http://www.spiegel.de/kultur/gesellschaft/putin-merkel-eklat-ueber-beutekunst-ausstellung-a-907090.html

3.24 Die Zeit ist reif, um Reparationszahlungen von Russland einzufordern[322]

Die Bundeskanzlerin kritisiert den Kreml wegen Menschenrechtsverletzungen[323].

Die Bundesregierung kritisiert Putin, weil NGOs in Russland neuerdings als "ausländische Agenten" gebrandmarkt werden[324].

Außerdem werden deutsche Kunstschätze nunmehr zurückgefordert[325].

In meinem Blog skizzierte ich bereits, wie es jetzt weitergehen könnte:

Ein Viertel Jahrhundert nach dem totalen Zusammenbruch des Kommunismus wäre es jetzt an der Zeit globale, also nicht konkret-individuelle, Schadensersatzzahlungen von Moskau zu fordern. Für 44 Jahre hegemonialer Fremdherrschaft. Ein Posten könnte z.B. "entgangene Gewinne aus nicht getätigten Investitionen aufgrund einer unsicheren sachenrechtlichen Eigentumssituation" lauten.

Wichtig, um dem Vorwurf des Revanchismus und Geschichtsrevisionismus zu entgehen, ist, dass die Forderungen nicht die Bundesregierung stellen sollte, sondern die EU als historisch nicht vorbelastetes Rechtsgebilde. Und zwar stellvertretend für alle seinerzeit betroffenen osteuropäischen Länder inkl. Deutschland (wegen der DDR).

Weitere Posten könnten sein:

- Entschädigungen für Gulag-Gefangene

---

[322] http://welt-im-wandel.net/2013/06/die-zeit-ist-reif-um-reparationszahlungen-von-russland-einzufordern/
[323] http://de.euronews.com/2012/11/17/menschenrechte-merkel-kritisiert-russland/?fb_action_ids=413674338699738&fb_action_types=og.likes&fb_ref=.UKe_R6PYPM4.like&fb_source=aggregation&fb_aggregation_id=288381481237582
[324] http://bundespresseportal.de/bundesmeldungen/item/12188-menschenrechtsbeauftragter-l%C3%B6ning-fordert-ende-der-einschr%C3%A4nkungen-f%C3%BCr-russische-ngos.html
[325] http://www.n24.de/n/Nachrichten/Politik/d/3039796/merkel-fordert-kunstschaetze-zurueck.html

- Entschädigungen für Sibirien-Deportierte

- Entschädigungen für Kriegsverbrechen, bspw. das Katyn-Massaker

- Entschädigungen für Vertreibungen

etc.

Es wäre daher aus meiner Sicht Aufgabe der EU und der Europäischen Kommission Forderungen an den Kreml zu stellen. Zumindest sollten diese Dinge bei den Verhandlungen um Gaslieferungen und deren Bezahlung bedacht werden. Möglich wäre dies allerdings nur im Rahmen einer Gemeinsamen Sicherheits- und Außenpolitik sowie einer gesamteuropäischen Energiepolitik.

3.25 Türkei, Russland & Co. - Wo sind die Grenzen der EU?[326]

Auf den Nachrichtenportalen wird die Meldung verkündet, dass die EU neue Verhandlungskapitel hinsichtlich des EU-Beitritts der Türkei eröffnen wird.

Da stellt sich die Frage, ob das richtig ist, und wenn ja, wo denn in geografischer und kultureller Hinsicht die Grenzen Europas liegen?[327]

Einige Gedanken möchte ich an dieser Stelle formulieren und in einer pro und contra - Aufstellung die Argumente diskutieren, ein Land aufzunehmen oder eben nicht.

Türkei:

Die Türkei ist ein großes Land an der Schnittstelle zwischen Europa und Asien. Die Bevölkerung ist überwiegend muslimisch geprägt. Mit den Kurden und den Alewiten gibt es zwei weitere ethnisch-religiöse Minderheiten, mit denen es immer wieder Probleme gibt. Doch werden diese Probleme angesprochen, dann kommt es immer wieder zu Konflikten des Staates mit Grundrechten wie Pressefreiheit,

---

[326] http://welt-im-wandel.net/2013/06/turkei-russland-co-wo-sind-die-grenzen-der-eu/
[327] http://de.wikipedia.org/wiki/Beitrittskandidaten_der_Europ%C3%A4ischen_Union

Meinungsfreiheit, Informationsfreiheit etc. Nichtsdestotrotz sollte die Türkei meiner Meinung nach über kurz oder lang aufgenommen werden. Zum einen leben über ganz Europa verstreut Millionen Türken, die das Leben hier bereichern und mit ihren wirtschaftlichen Aktivitäten Arbeitsplätze schaffen und Steuern zahlen. Es sind diese Menschen, die außerdem eine Verbindung zu einem muslimisch geprägten Land herstellen, das als Anker in einer instabilen Region verstanden werden muss, trotz aktuell wieder eskalierender Proteste rund um den Gezi-Park. Kritische Stimmen dürfen jedoch nicht überhört werden[328].

Russland:

Das größte Land der Erde hat gewaltige Rohstoffvorkommen. Seit jeher sind gute wirtschaftliche Beziehungen zu dem riesigen Land von strategischem Interesse für Europa. Allerdings gibt es gewaltige Demokratiedefizite, die ich in diesem Blog immer wieder angesprochen habe. Auch ist das Interesse des Kremls an einem Beitritt Russlands in die EU nicht vorhanden. Unvorstellbar ist es seitens Moskaus sich in innere Angelegenheiten von außen, in dem Fall aus Brüssel, hereinreden zu lassen. Davon abgesehen sprechen die intransparenten Geschäfte von Gazprom und Rosneft gegen eine Aufnahme in die EU. Auch stünden Schadensersatzzahlungen für größtenteils nicht aufgearbeitete Verbrechen der Sowjetunion auf der Agenda der Aufnahmeverhandlungen. Hier ist jedoch mit einem klaren Niet! Moskaus zu rechnen.

Ukraine - andere Sowjetrepubliken

Nach der Implosion der Sowjetunion entstanden zahlreiche neue Staaten. Estland, Lettland, Litauen sind bereits EU-Mitgliedsstaaten. Vorstellbar wäre es nun, die Ukraine aufzunehmen[329]. Jedoch zeigt der Fall der ehemaligen Regierungschefin Tymoshenko, dass die Ukraine weit weg von rechtsstaatlichen Verfahrensvorgängen ist. Nichtsdestotrotz setzt sich Polen für eine Aufnahme der Ukraine in die EU ein.

---

[328] http://www.kas.de/wf/de/33.34831/
[329] http://ukraine-nachrichten.de/brauchen-eine-neue-ostpolitik_3788_politik

Kroatien

Die Aufnahme steht unmittelbar bevor[330].

Serbien - ehemaliges Jugoslawien

Vorstellbar ist eine Aufnahme weiterer Staaten des südosteuropäischen Balkans. Wie die Fälle Bulgarien und Rumänien zeigen - Korruption, Menschenhandel etc. blühen weiterhin - sollte man sich hier nicht sputen.

Israel - arabische Mittelmeeranrainerstaaten

Israel ist ein demokratischer Fels in der Brandung, keine Frage. Ganz anders sieht es bei den instabilen arabischen Mittelmeeranrainerstaaten aus. Eine Aufnahme ist schon allein aus geografischer Sicht nicht vorstellbar.

3.26 Warum ist das Nabucco-Pipeline-Projekt gescheitert?[331]

Eine Diversifikation der Energieversorgung ist im ureigensten Interesse Europas. Bislang wird ca. ein Viertel des in Europa benötigten Erdgases aus Russland importiert[332].Gazprom hat sich dadurch in den vergangenen Jahren zu einem milliardenschweren Rohstoff-Unternehmen entwickelt.

Außer der durch Osteuropa führenden Jamal-Pipeline[333] wird das Gazprom-Gas mittlerweile auch durch die Nord Stream-Pipeline[334] nach Deutschland transportiert. Ex-Kanzler Gerhard Schröder, dem nachgesagt wird mit dem russischen Präsidenten Wladimir Putin befreundet zu sein, hat diesen Deal eingefädelt. Geplant und im Bau

---

[330] http://www.tagesspiegel.de/politik/kroatien-wird-mitglied-der-eu-tourismusbranche-setzt-auf-steigende-buchungszahlen/8404772.html
[331] http://welt-im-wandel.net/2013/06/warum-ist-die-nabucco-pipeline-gescheitert/
[332] http://www.nzz.ch/aktuell/international/die-lange-leitung-1.18106233
[333] http://de.wikipedia.org/wiki/Erdgasleitung_Jamal%E2%80%93Europa
[334] http://de.wikipedia.org/wiki/Nord_Stream

befindlich ist eine weitere Gas-Pipeline, South Stream[335], die über das Schwarze Meer geleitet werden soll und Osteuropa mit russischem Gas versorgen soll.

Doch sowohl Nord Stream- als auch South Stream zementieren die Abhängigkeit Europas von russischem Gas lediglich.

Das sehen Energieunternehmen wie RWE, die österreichische OMV, aber auch die EU und ihre Kommission nicht anders. Und so war es nur folgerichtig, dass mit der Nabucco-Pipeline[336] jahrelang ein Prestigeprojekt forciert wurde, mithilfe dessen Erdgas aus Aserbaidschan und damit dem Kaspischen Meer bis nach Zentraleuropa transportiert werden sollte. Anbindungen weiterer Pipelines und Gaslieferungen von Kasachstan und Turkmenistan aber auch aus dem Irak (Kurdistan) und Iran schienen im Bereich des Möglichen. Prominenter Unterstützer dieses ambitionierten Projektes war Ex-Bundesaußenminister Joschka Fischer[337].

Doch wie seitens der Medien berichtet wird, erhält das Nabucco-Konsortium morgen nicht den Zuschlag der aserbaidschanischen Regierung für den Bau der Pipeline und damit die Lieferung nach Österreich[338].

Ein Statement Joschka Fischers habe ich im Internet noch nicht recherchieren können. Ob mit dem Alternativ-Projekt TANAP+TAP[339] die gleiche Diversifikation des Versorgungsmixes gewährleistet werden kann, ist derzeit noch fraglich.

Manchmal platzen Wunschträume auch mal! - Gazprom und der Kreml hatten von Anfang an kein Interesse am Erfolg des Projekts. Doch neue Technologien wie das vor allen Dingen in den USA eingesetzte Fracking, mithilfe derer die USA seit einigen Jahren in der Lage ist ihre gigantischen Schiefergas- und Schieferölvorkommen auszubeuten, haben das Angebot an Rohstoffen auf den

---

[335] http://derstandard.at/1371170722820/South-Stream-graebt-Konkurrenz-Wasser-ab
[336] http://de.wikipedia.org/wiki/Nabucco-Pipeline
[337] http://www.faz.net/aktuell/politik/europaeische-union/gaspipeline-nabucco-projekt-joschka-1857572.html
[338] http://www.faz.net/aktuell/wirtschaft/gaspipeline-projekt-nabucco-ist-gescheitert-12244787.html
[339] http://www.trans-adriatic-pipeline.com/de/home/

Weltmärkten vergrößert. Der Begriff "game changer" fällt in diesem Zusammenhang [340]. Fraglich ist nun, ob und wenn ja, wie viel Gas die USA exportieren wird. Das Gas heutzutage nicht allein durch Pipelines transportiert wird, zeigt das Beispiel Katar. Das kleine Land auf der arabischen Halbinsel ist mit seinen Gas-Exporten reich geworden[341]. 2022 soll die Fußball-WM ausgetragen werden. Doch auch Israel könnte ein wichtiger Player auf den weltweiten Gasmärkten werden. Derzeit verhandelt die israelische Regierung mit seinem gemäßigten Nachbarland Jordanien über einen entsprechenden Gas-Deal[342]. Fraglich ist, ob Polen und die Ukraine auf absehbare Zeit ihre vermuteten Schiefergas-Vorkommen ausbeuten können werden.

Die Meldungen zeigen, dass selbst Energie-Riesen wie Gazprom vor schwierigen strategischen Entscheidungen und Zeiten stehen, hier[343], hier[344] und hier[345].

Die Frage, warum das Nabucco-Projekt letztlich gescheitert ist, kann ich derzeit nicht abschließend beantworten. Vor dem Hintergrund neu entwickelter Technologien, die es einzelnen Staaten ermöglichen, schwer zugängliche Vorkommen auszubeuten und den dadurch schon jetzt gesunkenen Preisen an den Spot-Märkten, könnten allein die hohen Kosten des Projektes zum Scheitern geführt haben.

Fazit: Der Energiemarkt bleibt spannend und im Wandel.

---

[340] http://www.zeit.de/wirtschaft/2013-06/internationale-energieagentur-fracking-europa
[341] http://www.reuters.com/article/2013/06/26/us-qatar-energy-idUSBRE95P0A420130626
[342] http://www.wallstreetjournal.de/article/SB10001424127887323873904578569381514712830.html
[343] http://www.spiegel.de/wirtschaft/unternehmen/gazproms-geschaeftsmodell-geraet-unter-druck-a-880725.html
[344] http://www.spiegel.de/wirtschaft/unternehmen/gazproms-geschaeftsmodell-geraet-unter-druck-a-880725.html
[345] http://www.manager-magazin.de/unternehmen/energie/russisches-gas-zu-teuer-eon-ueberprueft-vertraege-mit-gazprom-a-903298.html

3.27 Das Kino entdeckt die Geschichte[346]

Nach „Lincoln"[347], „Iron Lady"[348], „Hannah Arendt"[349] und „J Edgar"[350] (FBI-Gründer) kommt mit „Walesa – Man of Hope"[351] erneut ein Film über bedeutende politisch-historische Ereignisse und ihre politischen Akteure in die Kinos. Im Gegensatz zu allen anderen lebt der Friedensnobelpreisträger Walesa, der im Laufe der Jahre zahlreiche Ehrungen und Auszeichnungen erhielt, noch.[352] Ob der Film, der in Venedig Premiere feiert und außerdem in den USA und Polen gezeigt wird, in Deutschland ausgestrahlt wird, kann ich nicht sagen. Vermutlich nur in einigen wenigen Spezialkinos.

Die dem Film[353] zugrunde liegende historische Solidarnosc-Bewegung, die ein Markstein auf dem Weg zu einem von den Fesseln des Kommunismus befreiten Europa war, zeigt vor dem Hintergrund der blutigen Kriege und Revolutionen in der arabischen Welt (Syrien, Libyen, Tunesien, Ägypten), wie viel Glück wir in Europa am Ende des Kalten Krieges und mithin am Ende des 20. Jahrhunderts hatten. Insbesondere zeigen die historischen Umbrüche in Osteuropa jedoch, dass politisch-wirtschaftliche Transformationsprozesse, mutig angegangen und geordnet durchgeführt zu mehr Wachstum und Wohlstand führen. Kein Mensch wird ernsthaft bestreiten können, dass es den Menschen in den osteuropäischen Ländern vielleicht mit Ausnahme Weißrusslands heute besser geht als vor 20-30 Jahren, respektive vor 33 Jahren, als die Solidarnosc-Bewegung auf den Tag genau heute gegründet wurde.

---

[346] http://welt-im-wandel.net/2013/08/das-kino-entdeckt-die-geschichte/
[347] http://www.imdb.com/title/tt0443272/?ref_=sr_1
[348] http://www.imdb.com/title/tt1007029/?ref_=sr_1
[349] http://www.imdb.com/title/tt1674773/?ref_=sr_1
[350] http://www.imdb.com/title/tt1616195/?ref_=sr_1
[351] http://www.imdb.com/title/tt2113820/?ref_=fn_al_tt_1
[352] http://de.wikipedia.org/wiki/Lech_Walesa#cite_note-Stettin-12
[353] http://www.thenews.pl/1/11/Artykul/145774,Wajda-returns-to-Venice-Film-Festival-with-Walesa-biopic

Regisseur des Films ist übrigens Andrzej Wajda.[354] Der polnische Filmmacher und Oscar-Preisträger hat sich im Laufe der Jahrzehnte einen Namen als Produzent und Regisseur historischer Filme gemacht. Den Film Katyn möchte ich hier beispielhaft erwähnen.[355]

Derweil feierte ein anderer ebenfalls polnisch-stämmiger Regisseur neulich seinen 80. Geburtstag. Es ist niemand Geringeres als Roman Polanski[356], den Filmexperten auf dem Höhepunkt seines filmischen Schaffens sehen.[357] Der Oscar-Preisträger machte sich in den vergangenen Jahren mit dem Holocaust-Drama "Der Pianist"[358] und intellektuell anspruchsvollen Filmen wie "Carnage"[359] in Hollywood und darüber hinaus unvergesslich.

Bildgewaltig ist auch, rein anhand des Trailers bewertend, der Film "Stalingrad" über die berühmte Schlacht, die den Großen Vaterländischen Krieg entschied.[360] (Wer wissen will welche Verbrechen die Rote Armee im Großen Vaterländischen Krieg beging, der sollte sich den Oscar-nominierten Film Katyn ansehen, s.o.) Ob der Film vom Kreml (mit-)finanziert wurde, ist mir nicht bekannt. Jedoch ist es vorstellbar, wenn man bedenkt, dass Putin mit seiner Sportpolitik eindeutig eine Imagepflege betreibt.[361]

Ein großer TV-Erfolg war Anfang des Jahres das Weltkriegsdrama "Unsere Mütter, unsere Väter"[362], eine Produktion des ZDF. Jedoch wurde der Film, der im Inland auf Begeisterung stieß[363], im Ausland, insb. in Polen[364], aber auch in Russland[365], zum Teil heftig kritisiert.

---

[354] http://de.wikipedia.org/wiki/Andrzej_Wajda
[355] http://www.youtube.com/watch?v=9DrgSHIJXAQ
[356] http://de.wikipedia.org/wiki/Roman_Polanski
[357] http://www.dradio.de/dkultur/sendungen/kinoundfilm/2219828/
[358] http://www.imdb.com/title/tt0253474/?ref_=fn_al_tt_1
[359] http://www.imdb.com/title/tt1692486/?ref_=sr_1
[360] http://www.imdb.com/title/tt1966566/?ref_=sr_2
[361] http://welt-im-wandel.net/2013/06/putin-scheidung/
[362] http://www.youtube.com/watch?v=aNNUZgFNz8k
[363] http://www.spiegel.de/kultur/tv/top-quote-fuer-unsere-muetter-unsere-vaeter-a-889446.html

Beeindruckend ist auch der Film-Trailer zu "In Darkness"[366], der 2012 für den Oscar in der Kategorie des besten fremdsprachigen Films nominiert war.

Fazit: Einige der von mir in diesem Blog-Artikel vorgestellten Filme habe ich gesehen, aber längst nicht alle. Dafür fehlt mir schlichtweg die Zeit. Trotzdem finde ich es bemerkenswert, dass in der jüngeren Vergangenheit so viele Filme historisch-politische Ereignisse und Persönlichkeiten aufgegriffen haben. Gerade solche Filme wie Stalingrad (russische Produktion), Unsere Mütter, unsere Väter (deutsche Produktion), Walesa (polnische Produktion), aber auch die amerikanischen Filme zeigen, dass für Filme, die historische Ereignisse den heutigen Generationen näher bringen sollen, weder Kosten noch Mühen gescheut werden. Das ist auch alles unproblematisch, jedenfalls solange die Politik das Filmgewerbe nicht zu Propagandazwecken missbraucht.

3.28 Die letzten Tage Europas[367]

Henryk M. Broder hat wieder ein Buch geschrieben. Es trägt den Titel „Die letzten Tage Europas – Wie wir eine gute Idee versenken"[368].

Ich habe das Buch gelesen und muss konstatieren: Es ist grottenschlecht, handwerklich miserabel zusammengeschustert, versehen mit Halbwahrheiten, populistisch, rassistisch und geschichtsverdrehend.

Der Hauptvorwurf, den ich Broder mache ist derjenige, die Europäische Union mit der Sowjetunion zu vergleichen. Das ist ungeheuerlich. Die Sowjetunion war eine ca. 90 Jahre während Diktatur kommunistisch-stalinistischer Prägung, die sich für Millionen Tote verantwortlich zeichnet. Es gab Gulags, also Arbeits-und

---

[364] http://www.faz.net/aktuell/feuilleton/medien/polen-debattiert-unsere-muetter-unsere-vaeter-sie-schonen-sich-nicht-12239597.html
[365] http://www.dradio.de/dlf/sendungen/kulturheute/2097290/
[366] http://www.youtube.com/watch?v=nb2TyPfxaQU
[367] http://welt-im-wandel.net/2013/09/die-letzten-tage-europas/
[368] http://www.amazon.de/Die-letzten-Tage-Europas-versenken/dp/3813505677/ref=sr_1_1?ie=UTF8&qid=1378832458&sr=8-1&keywords=Broder

Straflager[369], in denen unter Anderen politische Gegner mundtot gemacht wurden. Es gab Verfolgungen, Exekutionen, ethnische Säuberungen usw. usw.

Dieses Unrechtssystem vergleicht Broder nunmehr mit einer politischen Institution, die maßgeblich zu einem Zusammenwachsen der europäischen Völker beigetragen hat. Ausgerechnet Broder! Der Deutsche mit den polnisch-jüdischen Wurzeln müsste es eigentlich besser wissen. Sein Vergleich ist genauso absurd wie der Vergleich der EU mit der NS-Diktatur und steht diesem an Unsäglichkeit in nichts nach. Dabei müsste er es besser wissen. Ich behaupte sogar, dass er es besser weiß und seine Popularität lediglich dazu ausnutzt, Geld mit dem Verkauf des Buches zu machen. Damit stellt er sich auf eine Stufe mit Thilo Sarrazin.

Das Unappetitliche bei Broder ist: Seit Jahrzehnten schwingt er bei jeder Gelegenheit die Antisemitismus-Keule, die bei ihm die Größe eines Mammutbaums hat, als gäbe es kein Morgen mehr. Aktuelles Beispiel ist der Streit mit Jakob Augstein, dem Verlegersohn, Anfang des Jahres. Der selbsternannte Hardcore-Zionist[370] bestraft Kritik an Israel und Juden im Allgemeinen mit erbarmungsloser Härte. Sätze wie XY sei nur[371] "dank der Gnade der späten Geburt um die Gelegenheit gekommen, im Reichssicherheitshauptamt Karriere zu machen" sollte man sich auf der Zunge zergehen lassen.

Und genau dieser Typ vergleicht nun die EU mit der Sowjetunion, in der Millionen unschuldige Menschen zu Tode kamen. Damit zeigt er null Respekt gegenüber den Opfern der Sowjet-Diktatur. Respekt den er seiner eigenen Familiengeschichte wegen jedoch für sich einfordert. Das ist dreist und verlogen. Es ist abgebrüht. Es ist eine Verhöhnung der SU-Opfer. – *„All Animals are equal, but some animals are more*

---

[369] http://www.amazon.de/Gulag-A-History-Soviet-Camps/dp/0140283102/ref=sr_1_4?ie=UTF8&qid=1378832551&sr=8-4&keywords=anne+applebaum
[370] http://www.shalom-europe.eu/news/society/detail/article/inzwischen-bin-ich-hardcore-zionist-5575.html
[371] http://www.welt.de/kultur/article112708625/Das-war-nicht-hilfreich-Ich-entschuldige-mich.html

equal than others." – Jüdische NS-Diktatur-Opfer können nicht mit SU-Diktatur-Opfern gleichgesetzt werden. Das ist als vergleiche man Äpfel mit Birnen.

Broder, der bekennende Atheist, übersieht all diese historischen Fakten. Das ist unverantwortlich. Seine raue Tonart ist jedoch nichts Neues. Immer wieder kritisiert er auch den Islam. Das ist erst einmal nichts Verwerfliches. Jedoch schaffte es der berühmte Scharfmacher dadurch die Aufmerksamkeit der Rechtsextremen auf sich zu ziehen. So wird er in dem 1.500 seitigen Manifest des Norwegers Anders Behring Breivik zitiert.[372] Broder hält all dies nicht auf. Er schießt weiter.[373] Das jedoch ist konsequent, das muss man ihm lassen.

Handwerklich schlecht ist das Buch, weil man stellenweise den Eindruck hat, Broder habe einfach aus Wikipedia abgeschrieben. Oder von den offiziellen EU-Seiten. Hier und da schiebt er ein lateinisches Zitat ein. Und das war es schon. Politische und ökonomische Theorien? Fehlanzeige!

Broder arbeitet mit polemischen Behauptungen. Den katholischen Süden Europas stempelt er als faul ab, wenn er sinngemäß schreibt, dass deren Unterlegenheit gegenüber dem Arbeitsethos der Protestanten nicht geleugnet werden kann.

Nach dem 9. Kapitel habe ich das Buch zur Seite gelegt. Wie der Zyniker Broder sich zu einem politischen Meinungsmacher hochmogeln konnte ist mir unbegreiflich.

3.29 Die hohe Kunst der Diplomatie[374]

Es scheint Bewegung in den Nahost-Konflikt zu kommen.[375]

Nicht nur, dass es eine UN-Resolution zum furchtbaren Syrien-Konflikt gibt.[376]

---

[372] http://info.publicintelligence.net/AndersBehringBreivikManifesto.pdf
[373] http://www.welt.de/debatte/kommentare/article13506649/Das-Manifest-des-Anders-Behring-Breivik-und-ich.html
[374] http://welt-im-wandel.net/2013/09/die-hohe-kunst-der-diplomatie/
[375] http://www.richardsilverstein.com/2013/09/26/iran-and-u-s-gathering-momentum-for-peace/

Seit 1979 telefonierten zum ersten Mal wieder das Staatsoberhaupt der USA mit dem Staatsoberhaupt des Iran miteinander.[377]

Wie es aussieht wird der US-Präsident seiner Auszeichnung zum Friedensnobelpreisträger gerecht. An seine Auszeichnung erinnerte ihn erst kürzlich der russische Präsident Wladimir Putin.[378]

3.30 Presseschau zum Rechtspopulismus in Europa[379]

Nachdem die rechtspopulistische FPÖ bei den österreichischen Wahlen zulegen konnte[380], möchte ich hier einige Artikel zu den Ergebnissen ihrer ausländischen Pendants vorstellen:

In **Griechenland** wurden einige ranghohe Mitglieder der Partei "Goldene Morgenröte" verhaftet, nachdem ein linker Rapper von Parteimitgliedern ermordet wurde.[381]

Bei den letzten Wahlen in **Finnland**, die schon zwei Jahre zurückliegen, konnte die Partei "Wahre Finnen" zulegen.[382]

Erst kürzlich erzielte die **norwegische** Fortschrittspartei rätselhafte Erfolge.[383]

Auch in den anderen **skandinavischen** Ländern erzielen rechte Parteien beachtliche Wahlerfolge.[384]

---

[376] http://www.welt.de/politik/ausland/article120436181/Syrien-Resolution-USA-kommen-Moskau-entgegen.html
[377] http://www.haaretz.com/news/middle-east/1.549278
[378] http://www.sueddeutsche.de/politik/vorwuerfe-an-assad-regime-wegen-giftgaseinsatz-putin-erinnert-obama-an-friedensnobelpreis-1.1759336
[379] http://welt-im-wandel.net/2013/09/presseschau-zum-rechtspopulismus-in-europa/
[380] http://www.faz.net/aktuell/politik/ausland/europa/parlamentswahl-in-oesterreich-verluste-fuer-spoe-und-oevp-rechtspopulisten-gestaerkt-12596986.html
[381] http://www.faz.net/aktuell/politik/ausland/europa/griechenland-mafioese-morgenroete-12596730.html
[382] http://www.sueddeutsche.de/politik/finnland-nach-der-wahl-wahre-finnen-kuendigen-harten-kurs-gegen-europa-an-1.1086524
[383] http://www.faz.net/aktuell/politik/ausland/europa/norwegische-fortschrittspartei-vom-schmuddelkind-zum-koalitionspartner-12557046.html

Populärster Rechtspopulist in den **Niederlanden** ist Geert Wilders.[385]

In **Frankreich** ist es die rechte "Front Nationale", die Stimmung gegen Ausländer macht.[386]

Meine Presseschau ist nicht vollständig. Sie soll jedoch vergegenwärtigen, dass Wahlerfolge der Rechten wie jetzt in Österreich immer ein Menetekel sind. Es wäre wünschenswert, wenn es dabei bliebe.

Es bleibt abzuwarten welchen Stimmenanteil die rechten Parteien bei der im Mai nächsten Jahres stattfindenden Europawahl erzielen werden.

Jedem, der mehr über den Rechtsextremismus in Europa erfahren möchte, lege ich diesen Bericht ans Herz.[387]

3.31 Greenpeace-Aktivisten im Knast[388]

Scheinbar wurden in Russland 30 Greenpeace-Aktivisten verhaftet, weil sie gegen die Exploration von Rohstoffen in der Arktis durch den Gazprom-Konzern protestiert haben. Der Protest richtete sich somit auch direkt gegen Putin und den Kreml.[389]

Es stellt sich die Frage, ob solche Aktionen durch den russischen Polizei-Staat von seiten der EU befördert werden? Gespannt und vermutlich auch verdutzt werden sie sich nunmehr fragen, wie dieser Zusammenhang hergestellt werden kann.

Der Punkt ist: Der NSA-Whistleblower Snowden wurde erst vorgestern für den renommierten Sakharov-Preis nominiert.[390] Gut möglich, dass er diesen auch gewinnt.

---

[384] http://www.swr.de/landesschau-aktuell/deutschland-welt/-/id=1884346/nid=1884346/did=12079832/v00tx3/
[385] http://www.unzensuriert.at/content/0013943-Geert-Wilders-Partei-f-hrt-Umfragen
[386] http://www.neues-deutschland.de/artikel/833780.front-national-im-aufwind-und-mit-grossen-ambitionen.html
[387] http://www.greens-efa.eu/fileadmin/dam/Documents/Studies/20130108-GE-rechtsaussen%20WEB-EN-01.pdf
[388] http://welt-im-wandel.net/2013/10/greenpeace-aktivisten-im-knast/
[389] http://www.faz.net/aktuell/politik/russland-greenpeace-aktivisten-wegen-piraterie-angeklagt-12601582.html

Damit ist jedoch schon jetzt klar, dass das gesamte Vorgehen Snowdens von uns Europäern nicht nur gebilligt sondern auch begrüßt wird. Erfreut darf man feststellen, dass dadurch die europäisch-russischen Beziehungen besser werden. Hierzu muss man zunächst lediglich ganz nüchtern attestieren, dass Putin den Europäern die schwierige Aufgabe abgenommen hat, demjenigen Mann Asyl zu gewähren, der immerhin eindeutig aufklärte, dass die USA uns tatsächlich ausspionieren. Wird dieser Mann nun mit einem Preis ausgezeichnet, wertet man dadurch gleichzeitig auch den Kreml und den russischen Präsidenten auf. Es ist eine bestimmte Form des sich Bedankens. Da wir vom russischen Gas und Öl abhängig sind, ist das nicht das Schlechteste. Zumal wenn man bedenkt, dass die Russen wissen, dass die Preis-Verleihung (bzw. die Nominierung) als eindeutiger Protest gegen die USA und ihre Spionage-Aktivitäten verstanden werden muss.

Mit der Preis-Nominierung ist es uns also gelungen, gleich mehrere Fliegen mit nur einer Klappe zu schlagen. Zusammenfassend:

1. Wir zeichnen Snowden aus. Damit begrüßen wir sein Vorgehen, die NSA-Aktivitäten der USA enthüllt und uns sozusagen aufgeklärt zu haben. Ergo können wir ein ruhiges Gewissen haben: Wir haben moralisch-ethisch einwandfrei gehandelt.

2. Wir protestieren damit offensichtlich gegen das Verhalten der USA und drücken unseren Unmut darüber aus, von Freunden ausspioniert zu werden. Somit sind wir auch hier auf der moralisch-ethisch sicheren Seite.

3. Wir bedanken uns bei Wladimir Putin dafür, uns die lästige Aufgabe abgenommen zu haben, Snowden Asyl zu gewähren. Damit hat nämlich Putin an unserer statt das Hauptrisiko auf sich genommen, dass sich die Beziehungen zu den USA verschlechtern.

---

[390] http://www.europarl.europa.eu/news/en/news-room/content/20130930STO21108/html/Finalists-of-2013-Sakharov-Prize-revealed

Besser hätte, ich meine es frei von jeglicher Ironie, die EU aus meiner Sicht nicht auf die vorliegenden Gegebenheiten reagieren können. Denn wir sind nun mal auf die russischen Rohstoffe angewiesen, mit der Folge, dass Maßnahmen zur Verbesserung der europäisch-russischen Beziehungen sinnvoll sind. Und für die unschönen Spionage-Aktivitäten der USA müssen wir uns nicht bedanken, sondern dürfen zu Recht empört-missbilligend reagieren, unabhängig von der Frage, welche konkrete Motivation hinter dem amerikanischen Vorgehen steckt.

Dass dabei möglicherweise Greenpeace-Aktivisten von Seiten des Kremls härter angegangen werden ist zugegebenermaßen eine traurige Begleiterscheinung und könnte, kritisch betrachtend, durchaus ein Resultat unserer Vorgehensweise, dem de facto Putin-Lob, sein. Allerdings ist Putin immer noch selbst für seine Handhabe Kritikern gegenüber verantwortlich. Für die Härte sind also nicht wir verantwortlich. Zudem sehe ich die Greenpeace-Maßnahme als mindestens in Teilen realitätsfremd.

Fazit: Europa hat eine schwierige Ausgangslage. Wir sind mit nur wenigen Rohstoff-Vorkommen gesegnet. Daher sind wir auf die Zusammenarbeit mit anderen Völkern und Ländern angewiesen. Hierzu muss man in erster Linie Russland, die USA und den Nahen Osten aufzählen.

Jede Verbesserung auf bilateraler aber auch unilateraler Ebene ist zu begrüßen. Durch die Snowden-Ehrung verbessern wir unser Verhältnis zu Russland. Das ist gut so. Gleichzeitig verschlechtert sich zwar vielleicht unser Verhältnis zu den USA, jedoch wissen die Amerikaner sehr wohl um ihren eigenen selbstverschuldeten Beitrag hierzu.

Die NSA-Spionage sehe ich jedoch entspannt, da die Schnüffeleien nach meinem Dafürhalten durchaus berechtigt sind, bedenkt man, dass es die USA ist, die schon seit Jahren hauptsächlich dafür Sorge trägt, dass das für das Gedeihen der Weltwirtschaft so wichtige Rohöl aus dem Nahen Osten sprudelt. Im Bewusstsein um diese Hauptlast und in Kenntnis unserer geschäftlichen Aktivitäten in dieser Region

(s. das jüngste Bsp. der Chemikalien-Lieferungen nach Syrien) aber auch in Ländern mit Quasi-Regimen wie Russland und China, habe ich Verständnis für die USA, die wohlwissend um ihre Kosten bzw. Investitionen, genauer hinschaut. Daher finde ich, dass Doppelmoral und Scheinheiligkeit fehl am Platze sind.

P.S.: Ich persönlich würde Snowden nicht mit dem Sakharov-Preis ehren!

i want morebooks!

Buy your books fast and straightforward online - at one of world's fastest growing online book stores! Environmentally sound due to Print-on-Demand technologies.

Buy your books online at
www.get-morebooks.com

Kaufen Sie Ihre Bücher schnell und unkompliziert online – auf einer der am schnellsten wachsenden Buchhandelsplattformen weltweit! Dank Print-On-Demand umwelt- und ressourcenschonend produziert.

Bücher schneller online kaufen
www.morebooks.de

VDM Verlagsservicegesellschaft mbH
Heinrich-Böcking-Str. 6-8
D - 66121 Saarbrücken

Telefon: +49 681 3720 174
Telefax: +49 681 3720 1749

info@vdm-vsg.de
www.vdm-vsg.de

Printed by Books on Demand GmbH, Norderstedt / Germany